大连海洋大学“蓝色学科建设工程”专项经费资助
横向项目“大连市为农服务中心建设规划研究”(070316002)经费资助
大连海洋大学首届“湛蓝学者工程”(500216202014)专项经费资助

三农热点问题研究

——大连做法及经验

张 瑜 著

东南大学出版社
SOUTHEAST UNIVERSITY PRESS
·南京·

图书在版编目(CIP)数据

三农热点问题研究:大连做法及经验/张瑜著. —南京:东南大学出版社,2016. 12

ISBN 978-7-5641-6994-7

Ⅰ. ①三…　Ⅱ. ①张…　Ⅲ. ①三农问题-研究-大连　Ⅳ. ①F327. 313

中国版本图书馆 CIP 数据核字(2016)第 317228 号

三农热点问题研究——大连做法及经验

出版发行	东南大学出版社
出 版 人	江建中
社　　址	南京市四牌楼 2 号(邮编:210096)
网　　址	http://www. seupress. com
责任编辑	孙松茜(E-mail:ssq19972002@aliyun. com)
经　　销	全国各地新华书店
印　　刷	江苏凤凰数码印务有限公司
开　　本	880 mm×1230 mm　1/32
印　　张	8. 75
字　　数	252 千字
版　　次	2016 年 12 月第 1 版
印　　次	2016 年 12 月第 1 次印刷
书　　号	ISBN 978-7-5641-6994-7
定　　价	39. 80 元

(本社图书若有印装质量问题,请直接与营销部联系。电话:025-83791830)

目　　录

第一章　农村土地流转问题

第二章　都市型现代农业发展问题研究

第三章　大连海洋渔业公共服务体系建设研究

第四章　大连“为农服务中心”建设研究

第五章 基于第四方物流的大连水产品冷链物流发展模式研究

第一章

农村土地流转问题

第一节 绪论

1.1 研究的背景和意义

1.1.1 研究的背景

随着社会经济的不断发展，我国农村土地经营模式发生了显著的变化。特别是十一届三中全会之后，我国广大农村地区实行家庭联产承包经营，极大地调动了农民的积极性，提高了农民生产劳动的热情，缓解了长期存在的粮食短缺问题，促进了社会的和谐以及农村的发展。但是，随着农业生产市场化水平的不断提高，传统的经营模式又暴露出了很多的问题，比如土地利用零碎化、生产成本高、规模效益不明显等，妨碍了农业的发展，不利于可持续农业的发展要求。另外，由于我国存在明显的城乡二元结构，农村劳动力大量向城市转移，导致了一线务农人员严重不足，且多以老人、妇女、儿童为主，使得农村土地大量闲置，极大地妨碍了农业的可持续发展。在此情况下，为适应新时期农村生产力的发展，提高我国农业经济效益、提升我国农产品在国际上的价格优势、促进土地的规模化经营，加快土地流转就成了当务之急。

1.1.2 研究的意义

（1）理论意义。随着市场经济的不断发展以及农业产业结构的调整，土地流转是发展农村经济的关键。国内外实践证明，土地流转对农业生产有较明显的促进作用，主要表现在：可以优化资源配置，调整结构布局，使土地集中连片，便于农用机械的推广和使用，提高农业生产力；并且，它也有利于增加农民收入，提高经济效益，更好地促进农村的发展，便于营造和谐的农村环境，有助于把农村建设成经济农村、生态农村、文明农村。

（2）政策意义。国家十二五规划的文件中明确指出，要以家庭承包经营为基础，完善统分结合的经营体制，根据自愿有偿原则，在农业经济较发达地区积极推进土地承包经营权流转，开展各种形式的土地规模经营，并在资金技术培训和信息等领域加大对农村的支持和投入，做好土地流转过程中的仲裁服务和法律咨询服务。十八届三中全会《中共中央关于全面深化改革若干重大问题的决定》提出了鼓励承包经营权在公开市场上，向专业大户、家庭农场、农民合作社、农业企业流转。一系列涉农政策的实施，一方面加快了农村土地的流转，促进了农业的发展和农民收入的增加；另一方面，土地流转政策的最终实行者是农民，农民通过对现行的土地流转政策的实行，可以对政策效果进行真实检验，从而对好的方面加以保留和提倡，对不好的方面可以通过反馈给政策制定者，以便进一步提高和完善土地流转政策，使得土地流转政策适应各阶段农村农业的发展。

(3) 实践意义。随着经济的快速发展，农业发展进入了转型升级的快速轨道上来，农业迎来了前所未有的发展机遇，但也面临着一些挑战，如农用土地经营较为分散，土地利用零碎，生产成本过高，非农用地的比重在不断加大，农用土地在不断减少，并且绝大部分的农用土地是分散经营等。加快土地流转，能使土地规模化经营，能够降低生产成本，有利于机械化操作，提高劳动生产率，促进农业经济的发展，从而增加农民收入，带动整个农村经济的发展。

1.2　国内外研究现状

早在20世纪80年代，在我国的部分地区就有了土地流转现象的发生，就有了对其进行的相关研究。目前，与土地流转相关的资料相对丰富，由于研究的层次和水平不同，现将国内外对土地流转相关问题研究列举如下：

1.2.1　国内研究现状

关于土地流转的合理性研究。刘洋、刘惠君①认为农村土地流转一定程度上可以解决耕地抛荒问题，实现农村劳动力的转移，提高土地利用率和农业生产效益；也可使土地向种田大户和农业企业集中，满足土地适度规模经营的需要。李昌玉、丁德胜②认为土地承包经营权流转，发展适度的规模经营是发展现代农业的客观要求和必然趋势。

① 刘洋，刘惠君. 农村土地承包经营权流转研究[J]. 合作经济与科技，2011(17).

② 李昌玉，丁德胜. 湖南省农村土地承包经营权流转研究[J]. 安徽农业科学，2014(31).

关于土地流转的制约因素研究。梁万泉①认为由于受传统小农经济思想影响，农民视土地为生存根本的观念还未转变，不愿放弃耕地。李从国②认为市场风险对农户承包土地流转的影响程度较大，不利于土地流转。在市场经济条件下，农业是兼有自然风险和市场风险的弱质产业，特别在河南省农业基础还很薄弱的情况下，表现得尤为明显。熊祥强、沈燕、廖和平③认为农民的法制观念不强，责任意识淡薄将土地抛荒的农民大多法制意识淡薄。将自己承包的田地当作自家的私有物品，想种就种，不想种就抛荒，只享受土地承包的权利，不承担承包后的义务和社会责任。陆道平、钟伟军④认为在农村土地流转的实践中，农民的自主性地位并没有得到有效保障。农村中的一些土地流转并不是出于农民本身的意愿，而是在地方政府的强力介入下发生的。

关于土地流转的对策研究。李强、王利君、刘丽、李素娜、史丽萍⑤认为要注重整体，兼顾各方利益。土地流转说到底实际上是利益的重新分配，是一种新的分配方式，在流转中一定要兼顾国家、集体、承包户、转租人等各方利益，整体

---

① 梁万泉.农村土地流转与金融支持的探讨[J].海南金融，2010(8).

② 李从国.河南省欠发达农区土地流转调查与对策研究[J].安徽农业科学，2010(21).

③ 熊祥强，沈燕，廖和平.农村土地抛荒问题的调查与分析——以重庆市忠县三汇镇为例[J].安徽农业科学，2006(11).

④ 陆道平，钟伟军.农村土地流转中的农民权益保障[J].探索与争鸣，2010(9).

⑤ 李强，王利君，刘丽，李素娜，史丽萍.农村土地流转问题的思考[J].河套大学学报，2010(3).

上要以国家利益为主。钟庆君、臧玉荣[①]认为土地流转的实质，是生产关系和生产力的不断调整和适应。只有农村生产力不断获得解放和有一个更大的提高，土地流转才能作为生产关系与其相适应而加快发展。因此，要有效地加快土地流转，关键是要多元化和多形式地创新能促进农村生产力解放和提高的规模经营主体。李振华[②]建议加快立法进程，建立健全农村土地流转的法律规范。应建立集体土地价格评估体系，解决实际操作中的价值尺度难题，使土地流转可以在不同的所有者、使用者以及社区之间通行，从而使土地转让报酬规范化、制度化。

对农村产权制度改革方向的研究。针对我国土地产权制度的不完善，众多学者要求对现有产权制度进行改革，主要观点可以分为国有论、私有论、多元所有制论三种类型。国有论者主张将土地收为国有，实施国有土地永佃制。其中有学者提出，农村土地所有权全部归国家所有，但允许农民保留使用权，农户有权利享有对土地的支配权，同时允许多种形式的土地流转。私有论者主张将土地归农民私人所有，由农民土地私有制取代家庭联产承包责任制。私有论者表示，现有的产权制度下的农地不属于农民所有，因此他们缺乏对土地的长期投资，土地资源未能得到集约化利用。也有学者提出，将所有权界定给农民，这样有利于清晰产权，进而

① 钟庆君，臧玉荣. 农村土地流转需要注意四个“确保”[J]. 红旗文稿，2008(24).

② 李振华. 农村土地流转的异化与法律规范[J]. 统计与决策，2005(19).

才能促使土地市场的有效运行。多元所有论者主张集体所有制不应该仅局限于集体所有和农户经营这一模式，可以根据不同的地域情况和要求采取不同的土地制度。譬如，坚持土地国家所有或者集体所有的前提下，承认一部分土地的农民个人所有权。也可以在坚持土地集体所有和家庭联产承包责任制度的基础上，进一步明晰产权主体和内涵。从总体上看，无论是国有论、私有论还是多元所有论，都主张通过对农村产权制度进行改革，明晰产权，稳定地权，实现农村产权的永久不变。

对地权稳定性效益的研究。马歇尔早在 20 世纪初的研究中就指出，农民租种土地的产出率低于其自己拥有的土地的产出率，因为土地租金降低了农民的积极性。何凌云等人的研究表明，产权制度安排和土地使用权的稳定性不但影响农民对农业生产的长期性投入还影响其用地的短期投入。姚洋通过对浙江和江西两省 449 个农户的调查得出结论：地权稳定性对农民的绿肥使用面积有显著的正面影响。而也有学者认为赋予农民长期土地使用权的真实意义在于有利于他们的社会保障，而是否增加对农业的投入取决于这部分投入所带来的产出。盛济川等学者根据 1952—2007 年我国农业投入与产出的面板数据，对我国的农业经济增长做了实证分析，结果显示，在 1978 年之前我国的农地产权制度对农业经济增长的贡献较低；而在 1978 年后，农地制度对我国的经济增长贡献较大。这充分说明家庭联产承包责任制后将产权明晰归为集体所有，避免了产权主体的虚置问题，激发了农民生产的积极性。许庆分别将土地调整中的“增人增地”与“减人减地”对农业投资的影响做了比较分析，结果得出“减人减地”使农户的长期投资大幅度降低，但对农肥等使用没有影响；而“增人增地”对农户的任何投资都没有影响。

其他土地确权相关研究。有学者从法学的角度提出了我国农村现有产权制度存在的问题，通过明确界定土地产权的主体和客体，针对不同土地权利状况提出了进一步完善土地确权的思路。一些学者针对目前中国有关土地确权的法律法规建设滞后的情况，运用文献资料法和实证分析法提出了若干相应的改进意见。还有学者提出与法律约束相对应的“村规民约”也适用于土地确权后的利益分配问题。周其仁等课题组在对成都土地产权制度改革调查研究中，总结成都确权的现状、确权的成本、存在的问题以及即将面临的挑战。刘燕舞基于湖北省五个地区的调查指出，农地确权是重新调整农村各群体的利益并使之尽量达致平衡重要手段，也是解决当前农地纠纷的根本出路。严冰在对集体产权效率分析的基础上，指出农地改革的路径是确权，分析指出目前我国土地产权制度效率低下的两种原因是外部性及不及时性。李兵、吴平以邓崃市 150 多户农户为样本，以反映农户个人特征、家庭特征、财产特征、行为特征的变量为解释变量，构建二元 Logit 模型估计影响农户参与确权的因子。徐勇和项继权在针对我国存在大量农地之争的现状，指出在构建和谐社会这一背景下，农地确权是构建文明与和谐社会的基础。

1.2.2　国外研究现状

日本政府不断完善农地制度，促进农地流转。通过废弃限制农地租佃关系的法规来促进农地所有权和经营权分离，倡导以租赁为主要方式的规模经营。建立合作经济组织等中介机构，促进农地流转。这是一种更高层次的合作，加入和退出农业合作组织都有一定的程序。组织内部实行统一经营，统一购买大型生产资料，有共同资产，统一分配。合作经济组织成为农地租借转让的桥梁，它们接收租出的农地，再将这部分农地租给欲租入者。

日本也是世界上典型的土地私有制国家。日本作为人多地少的岛国，其土地资源尤为宝贵。为了保护优良土地，日本政府对土地的确认、购买、转用都有严格的规定。1950年，日本政府制定的《土地法》又从法律上保障了自耕农对农村土地所有权的永久地位。后来，农业政策逐渐放宽了对农村土地的占有和流动的限制，实行地租自由化，尤其是以地域为单位实行土地经营权的自由流动是个创新，实现了农村土地所有权和经营权的分离，适应了土地规模经营的需要。农林水产省作为日本农业和农村土地管理的最主要政府部门，通过制定各种土地法令，保护耕作农民的权利和确保优质农村土地用于农业。比如，1952 年日本颁布的《农村土地法》，1961 年颁布的《农业基本法》，1980 年颁布的《农村土地利用增进法》，1999 年颁布的《食物、农业、农村基本法》，这些法律法规都对日本社会农业产生了重大影响。日本政府依法划定有农业振兴区域范围，并且法律规定在此区域范围内的农村土地不准任意转用。农村土地所有权转让、佃耕权或租赁的转让、重新设置有严格限制，须经都道府县知事或农林水产省大臣的许可才能进行，还要注重生态保护，否则要予以处罚。以耕作外的使用为目的取得农村土地所有权、租赁权、场地使用权时，也必须经过严格审查才有资格获取。日本农村土地虽然受政府的种种限制，但土地的所有权、经营权、收益权各自独立，土地权利界限明确，通常可以从政府低价购买、自由租赁和转让获得确权。总之，日本现今实行的是以私有制为主、社会化服务、法制化和规范化管理的农村土地产权制度。

法国政府为解决土地分散、人地矛盾的问题，主要采取两方面的改革措施：一是改革土地继承制度，以保证土地不再继续细碎化。二是支持中等规模的农场发展，促进小规模农场转移，稳定大农场。法国农地流转主要通过用益权制度来处理土地的租佃关系。法国农地用益权可通过转让、出租、抵押等方式流转。另外，法国还先后颁布《农业指导法》《农业指导补充法》及成立"土地整治和农村安置公司"来推进农地流转和规模化经营。

美国的农地流转，大多是农地使用权和经营权的有偿转让。美国先后出台了《土地先购权法》《宅地法》等一系列法案，鼓励拓荒和开发，既满足了移民的土地要求，也为土地进一步集中提供了条件。在市场交易方面，凡是要使用不属于自己土地的政府或个人，都要通过购买或租赁方式获得。另外，美国农地转让的主体一般由政府与家庭农场主通过签订经济契约来实现。农地流转的主要目标在于扩大农场规模、优化组合生产要素以及运用先进的科技与管理经验。"土地信托"是美国土地所有权的一项保护政策。

美国实行公私兼有的多元化的土地所有制度，其中私人所有的土地约占60%，联邦政府所有的土地约占30%，州及地方政府所有的土地约占10%。美国法律极其重视私有土地的所属权利，一般来说，各种所有制形式之间的土地可以通过有偿方式取得确权，如自由买卖和出租等。美国农村土地基本是被家庭农场所占有，经营权、使用权、处置权大部分由农场主掌握。但美国政府也保留了相当多的对农村土地的控制、管理和收益权，比如出于公共用途并给予合理补偿，就可以征收私有土地。

因此，可以说美国农场主获得的仅仅是具有产权保障的土地使用权，并非绝对的所有权。美国有关土地管理的法律法规十分健全，包括土地的所有权、使用权、处分权、收益权、租赁权、抵押权等相关的其他权益，应有尽有。比如，1785年颁布的《土地法令》，1862年颁布的《宅地法》，1997年颁布的《联邦土地政策和管理法》等，从法律方面不断完善和界定农村土地的各种关系。美国农村土地产权管理职能分属于两个机构：地理信息服务办主要负责地籍信息收集、测绘等工作，审计办负责土地确权登记工作。美国农村土地测绘成果包含了道路信息、地块所有权信息、面积、土地用途及交易记录等信息。美国的土地登记内容全面完整，程序简洁，信息公开透明。土地权属出现纠纷一律由法院解决，政府不担任调解仲裁角色。美国土地确权保护制度也较全面，既有土地利用规划管控的强制性措施，也有自愿保护的激励性措施。同时，规划管控也会充分考虑土地所有者和公众的意愿，如华盛顿州就规定限制和禁止对优质农村土地的非农开发。总之，家庭农场的科学组织模式、完善的私有产权制度、法制化及规范化的农村土地管控和监督是美国现代农村土地制度的基本框架。

英国的土地制度历史悠久，结构简洁但体系完善，法律和政策相对稳定又不失创新。英国的土地所有制很特殊，名义上英王为国家唯一的土地所有者，英国贵族和国民拥有的土地来自于英王的授予，被称为土地的保有权。从这个意义上说，英国的土地权利主要是不同形式的土地保有权。英国按照在 1925 年颁布的《财产法》规定，英国的土地保有权简化为“自由的土地保有权”和“租赁的土地保有权”两大类。除此以外，衍生的其他土地权益还有用益权、抵押权和地役权等。自由的土地保有权是指保有权人对自己的土地永久所有，一般以契约或居住、使用等形式为基础确定，并能够随意处置，包括自由出卖、赠送。租赁的土地保有权指土地保有权是有期限的，一般通过协议方式确定土地权利和内容，而且在租赁期内，双方都要严格遵守，不受自由的土地保有权人的随意干涉。目前，英国的土地法更倾向于保护土地租赁者的权益，如 1986 年颁布的《农业土地所有法案》中就规定，农村土地租赁者交纳租金的最高限制和权利纠纷处理，保证农村土地租赁者继续更有保障地使用土地的权利。英国目前实行的是产权登记制度，主要是对农村土地尤其是大农场的绝对产权、有限产权、占有产权或有效的租赁保有产权几种形式去进行确权登记。土地登记局成立于 1862 年，是英国唯一从事土地产权的审查、确认、登记、发证、办理过户的部门。农村土地确权登记过程中，登记局首先必须去实地勘测边界线，查看农村土地保有人为其产权提供的证据，全面收集农村土地信息，以符合土地登记的需要。政府有关部门根据登记簿的信息制作权利证书，明确显示该土地现有权利内容、影响土地权利事项和衍生的其他土地权利，交付给权利人，该权利证书具有一定的法律效力，不得侵犯。土地确权登记是农村土地交易过程中律师所承办的各种法律事务的重要凭证，有助于农村土地市场的交易活跃，从而获得土地发展权，即更高强度或更高价值的使用权。总之，英国土地是以土地利用为准的确权方式，对中国的土地确权改革中一味地追求所有权、忽视土地的高效配置具有较强的借鉴意义。

俄罗斯在20世纪90年代初的经济转型是以推行私有化为标志的，所以，其农业的改革也是如此。俄罗斯农业改革的首要任务就是改变农村土地的所有权性质，强令解散国有农场和集体农庄，农村土地实行私有化制度。俄罗斯于1993年颁布的《俄罗斯联邦宪法》，2001年颁布实施的《俄罗斯联邦土地法典》，2003年出台的《农用土地流通法》，这三部法律都一致确立了俄罗斯农村土地私有产权的法律地位，明确了包括农用土地在内的土地私有化方向原则和土地自由买卖的程序，制定了俄罗斯土地私有权宗旨，进而推动农村土地产权变革。

当前，私人土地所有权成为俄罗斯农村土地权利体系的核心内容。在不损害他人的权利和合法利益的前提下，农村土地所有权人可以自由地、永久地占有、使用和处分土地，从而取得收益。俄罗斯私人土地所有权的确立，使得俄罗斯土地逐步从完全国有向多层次的所有权体系演变，通过减少对私人土地流转的限制，使得土地所有权人能够最大限度地行使权利，从而提高了土地的利用率，降低了改革成本。总之，尽管俄罗斯农业改革是粗线条的，缺乏周全考虑，但俄罗斯农业私有化的改革与整个经济体制改革基本是相适应的，也是符合现阶段俄罗斯国情的。中国的国情和社会制度不同于俄罗斯，土地确权制度虽不可借鉴，但也值得思量。

1.2.3　国内外研究综述

国内外对土地流转问题的研究有很多，涉及土地流转问题的方方面面，由于国内外土地制度存在差异，国内的土地流转只是使用权的流转，而国外的土地流转不但包括使用权的流转，还包括所有权的流转。因此在研究土地流转问题中，国内以在使用权下产生的问题为研究对象，而国外以所有权下产生的问题作为研究基础。总的来说，国内对土地流转问题的研究主要集中在农村剩余劳动力的转移、土地流转的速度与规模、农村土地流转的法律规范、市场风险对农户土地流转的影响等方面；另外，对土地流转中农民的自主性地位、“非粮化”倾向及中介的作用也进行了较多的研究。国外对土地流转问题的研究，主要集中在与土地流转相关的法律法规方面，同时对与土地流转有关的农民合作组织也进行了较多的研究。然而，在其他方面，如国家对农业补贴作用是否会影响到土地的流转速度、土地流转中中介的身份认定是否有一定的规范依据等方面，所作的研究较少，需要进一步的研究，另外，关于土地流转行为与流转权益保障等方面的研究资料不足，需要进一步的完善。

1.3 相关基础理论研究

1.3.1 马克思主义地租理论

马克思的地租理论认为，地租是土地所有者凭借土地所有权获得的一种非劳动收入。资本主义地租有级差地租和绝对地租两种形式。土地的优劣不同是形成极差地租的客观条件，土地有限性引起的土地垄断则是绝对地租形成的原因。

1.3.2 市场经济理论

所谓市场经济，是指由市场来配置资源的经济，即通过价格和市场体系对个人和企业的各种经济活动进行协调，使全社会的经济正常进行。需要注意一点：市场经济属于资源配置方式的范畴，而不具有社会制度属性。它总是与各国特有的历史条件和社会基本制度结合起来运行的，形成各具特色的市场经济体制。

1.3.3 二元经济理论

二元经济结构理论是区域经济学的奠基性理论之一。刘易斯(A. Lewis)较早地揭示了发展中国家并存着农村中以传统生产方式为主的农业和城市中以制造业为主的现代化部门，由于发展中国家农业中存在着边际生产率为零的剩余劳动力，因此农业剩余劳动力的非农化转移能够促使二元经济结构逐步消减。

1.3.4 规模经济理论

规模经济理论是指在一特定时期内，企业产品绝对量增加时，其单位成本下降，即扩大经营规模可以降低平均成本，从而提高利润水平。兼并可以在两个层次上实现企业的规模效益，即产量的提高和单位成本的降低。兼并给企业带来的内在规模经济在于：通过兼并，可以对资产进行补充和调整；横向兼并，可实现产品单一化生产，降低多种经营带来的不适应；纵向兼并，将各生产流程纳入同一企业，可节省交易成本等。兼并的外在规模经济在于：兼并增强了企业整体实力，巩固了市场占有率，能提供全面的专业化生产服务，更好地满足不同市场的需要。

1.3.5　土地产权理论

土地产权理论指的是地产权商品化及土地产权配置市场化理论。土地产权理论普遍性，也就是说，要使产权有效发挥作用，必须使资产普遍有其所有者，否则哪一领域有限资源缺少所有者，哪一领域就必然无序且无效。土地产权理论独占性，是指在大多数情况下，产权越是独占和完整，资源配置越有效，只有当交易费用极高、使得独占性排斥了产权的转移时，产权的独占性才会降低资源配置的效率。土地产权理论可转移性，即产权必须可自由地交易，否则资源配置难以奏效。由此可见，产权是一种排他性的权利，而且这种权利必须是平等交易的法权，而非特权。它是规定人们行为相互关系的一种游戏规则，是社会经济有效运行的基础。因此，在正交易费用的世界里，产权明晰有利于交易费用的节约，并会给交易双方一种收益的预期，提高资源配置的效率。

1.3.6 经济人假设

经济人就是以完全追求物质利益为目的而进行经济活动的主体，人都希望以尽可能少的付出，获得最大限度的收获，并为此可不择手段。“经济人”意思为理性经济人，也可称“实利人”。这是古典管理理论对人的看法，即把人当作“经济动物”来看待，认为人的一切行为都是为了最大限度满足自己的私利，工作目的只是为了获得经济报酬。

第二节　农村土地流转国内外经验借鉴

2.1　国内土地流转经验及借鉴

2.1.1　重庆土地流转

重庆市集大城市、大农村、大库区、大山区、少数民族地区于一体，城乡二元结构矛盾突出，老工业基地振兴任务繁重。重庆市人多地少，推进土地流转和集约利用，是统筹城乡的重要途径。近年来重庆市从两个方面来探索：一是积极推进农村土地流转和规模经营。重庆市研究制定了农村土地流转的政策办法，推进建立县、乡、村 3 级土地流转服务机构，引导和规范农民及农村集体经济组织在依法、自愿、有偿前提下流转土地。同时，配套实施支持规模种养殖的措施，从全市粮食直补资金中切块 15％支持种粮大户发展，对标准化养殖大户补助 10 万～80 万元，整合农业综合开发等资金扶持核心蔬菜基地建设，有效地促进了农村土地规模经营。二是稳妥推进城乡建设用地管理改革。在坚持保护耕地、保有量和粮食区域基本自给等红线的基础上，以探索建立城乡一体的建设用地市场为目标，稳步开展城乡建设用地增减挂钩、农村土地交易所等改革试点。

2.1.2 松江土地流转

松江在积极探索农业规模化、专业化生产、培育农民专业合作社的基础上，根据农业发展的新趋势，提出了家庭农场这种比较符合松江实际的土地流转发展模式。农民家庭通过租赁、承包或者经营自有土地的农业经营形式被称之为家庭农场。松江发展家庭农场，重视三个基本因素的作用，即政策扶持、经营者素质和社会化服务。

首先，政府政策的扶持。一是制定土地流转补贴政策。对松江全区家庭农场给200元/亩的土地流转费补贴，既保证土地流出方的根本利益，也使土地流入方获得一定的收入，使土地流转双方双赢，有利于土地流转的进行。二是规范土地流转行为，按照“依法、自愿、有偿”的原则推进土地流转，确保农民权益不受侵犯、土地流转关系稳定、家庭农场经营稳定。三是建立农用土地管理平台，建立土地规范流转的长效机制。四是推进实施老年农民退养补助制度。达到法定退休年龄的老年农民自愿退出承包地的，在原来养老金基础上再增加150元/月的养老补助金，从而使专业农民可以扩大经营规模，老年农民也有长期保障。此外，在农业保险、贷款、种养结合等方面也给予相应的政策扶持。

其次，家庭农场的稳固发展，还需要经营人员具备良好的从业素质和技能。一要勤劳；二要会种田、想种田；三要会经营。因此，松江政府积极开展各类培训班，切实提高经营者生产经营技能、市场经营意识和现代农业管理水平：一是强化农业技术和农业生产培训；二是注重家庭农场的经营管理培训；三是加强防灾抗灾救灾能力的培训；四是加强种田理念的培训。现在松江每年分批分班组织家庭农场主集中培训和现场技术辅导 5 000 多人次，家庭农场主的素质明显提高。

最后，强化社会化配套服务，松江不断完善农业社会化服务体系，为家庭农场提供统一、便捷、优质服务。在农机服务方面，建立了 12 家农机专业合作社，与家庭农场签订机耕、机插秧和机收服务协议，为农民播种、收割、耕翻等生产作业提供便利。在技术服务方面，区、镇二级技术服务部门通过培训、发放植保信息、现场指导、挂钩联系等方式，及时为农民提供新技术、新品种、病虫害防治、施肥等方面的技术指导服务。在农资方面，由浦江农资连锁超市对家庭农场实行送货上门，便捷及时，深受农户欢迎。在农产品销售方面，积极与粮管所、饲料企业联系、协调，签订粮食购销协议，帮助解决农户卖粮难问题。在气象服务方面，通过手机及时发送气象信息，使农场主及时掌握天气变化从而采取相应措施。这几年的探索与实践，使松江家庭农场建设得到了快速、有序推进，并在实践中证明了其崭新的生命力，松江发展家庭农场的土地流转模式取得了阶段性的成绩。

2.2　国外土地流转经验及借鉴

2.2.1　美国土地流转

1. 美国土地流转现状

美国农业是当今世界上最发达、最具有代表性的现代农业，在世界农业中占有十分重要的地位。家庭农场是美国土地生产经营的基本单位，它构成了美国农村土地经营制度的主要运行基础与发展前提。美国政府采用信贷支持、政策引导、利息调节、价格补贴等经济手段，通过各种优惠政策，鼓励诱导家庭农场规模的适度扩大。在土地流转过程中，一般不涉及土地的所有权，而大多是土地使用权和经营权的有偿转让。土地转让的主体一般由政府与家庭农场主通过签订经济契约来实现。土地流转的主要目标在于扩大农场规模、优化组合生产要素以及运用先进的科技与管理经验。政府还采用信贷支持、政策引导、利息调节、价格补贴等经济手段，通过各种优惠性政策，鼓励和诱导家庭农场规模适度的扩大。政府保留了相当多的对土地的控制管理和收益权，农场主获得的是具有产权保障的土地使用权，并非完全的土地所有权，但却是稳定而有保障的土地私有权，土地所有者有土地收益分配和处分的权利，同时土地所有者在土地转让、租赁、抵押、继承等各方面也都具备完全不受干扰和侵犯的权利。正因为土地所有者具备了明晰的土地产权边界，在美国私有土地的侵权及土地合同纠纷等很少见。目前美国4.7万个农村合作组织形成了全国性网络，成为土地流转和规模化经营的重要力量。

2. 美国土地流转特点

(1) 适度的经营规模。在现代农地经营中，要取得好的经济效益，必须有一个适度的规模。土地流转的主要目的和结果都是扩大土地规模经营，而且这种扩大都是基于经济发展、农业技术进步、农村劳动力转入非农产业的城市化推动作用。欧美国家在现代化过程中，农民逐步减少，但却没有出现所谓的农民工问题；农村经济比例逐步下降，却没有出现农民贫困问题；城市化、工业化高速发展，却基本没有出现污染和社会两极分化问题。

(2) 农地制度立法和政府的行政干预相结合。土地私有权在一定条件下可能会成为土地流转的障碍，但土地是稀缺资源，不能把土地交给市场。以小农户经营为主的土地私有制国家，没有依靠市场实现土地流转，而是通过市场与国家立法和政府行政干预相结合的方式，保证土地合理地流动。通过立法，科学界定农地的所有权、使用权，确立土地流转管理监督部门的法律主体地位和职责，明确双方的权利和义务，规定违约的法律责任，规范流转的程序和形式。从各级政府所扮演的角色来看，美国农地保护主要由地方政府负责，包括保护政策的制定和执行等。在干预土地流转方面，更多的是采用间接的手段，通过影响农地流转过程中各经济利益主体的收益或损失，实现控制农地流转的方式。

(3) 发挥作为农民的代言人——农民组织的作用，保护农民正当权益。农民组织不仅是科学技术进入农村和农民头脑的有效载体，也是农民权益的维护者。农民的农业经营活动主要依靠农民合作社来完成，这是美国乃至世界典型国家的重要经验。

2.2.2　法国土地流转

1. 法国土地流转现状

法国政府从 20 世纪 20 年代起就十分重视土地流转，出台了一系列措施推动土地集中,促进规模经营:一是减少农村富余劳动力。20世纪60年代设立"调整农业结构行动基金",70年代初又设立"非退休金的补助金",鼓励到退休年龄的农场主退出土地,给年龄在55岁以上的农民一次性发放"离农终身补贴",让出来的土地主要用于扩大农场规模;同时,鼓励部分青年农民到工业、服务业去投资或就业,政府给予奖励性的赔偿和补助等。二是有完善的市场中介组织。如政府组建不以赢利为目的、由国家代表实行监督的"土地整治与农村安置公司",通过中介组织去收购和转卖农地,加速了土地的流转和集中;政府还设置土地事务所和土地银行等相关机构促进土地的有效管理和流转,土地银行购买土地后再租赁给农民,订立长期租约,以刺激投资。目前法国只有土地所有者自己直接经营和租佃两种农地经营制度,而60%以上的农地是以租赁方式经营的。三是有完善的法律、法规以及政策保障,规范了流转双方的权利和义务,减少了谈判成本和履约成本,降低了流转的交易费用。如政府鼓励父子、兄弟农场以土地入股,联合经营,并予以税收优惠;对农民自发的土地合并减免税费;为符合条件的农户购买土地提供低息贷款等方式,加速土地集中和农场规模的扩大,鼓励建立适度规模的中型家庭农场及其组合。同时规定私有土地一定用于农业,不准弃耕、劣耕和在耕地上搞建筑,对于弃耕和劣耕者,国家有权征购,提高土地税或让其出租,土地转让不可分割,只准整体继承或出让。因政府的参与和引导,大大促进了农地的有效流转,扩大了农场的经营规模。

2. 法国土地流转特点

(1) 重视农地流转与土地规模经营的关系。农业规模经营是促进农业经济发展、提高农业竞争力的重要途径。纵观法国农业现代化发展历程,农地的适度集中和规模经营是经济社会发展到一定阶段的必然要求和选择。同时,农地使用权的流转与土地规模经营具有内在的逻辑关系,即农地使用权流转的结果往往都会导致农地的适度集中和规模经营。

(2) 充分发挥政府在农地流转中的引导作用。从法国农地流转和规模经营的特点看,在农地流转中,无论从政策的制定、农业法规的出台与修改,还是对农民的保护,政府都发挥了非常重要的作用。

(3) 农地流转形式多样化。从法国地流转法律看,农地使用权流转的方式主要包括转让、出租、抵押、继承、交换、入股等。法国农地用益权可通过转让、出租、抵押等方式流转。

2.2.3　日本土地流转

1. 日本土地流转现状

日本的土地流转主要通过买卖和租赁两种方式。日本的农地改革和 1952 年制定的《农地法》,不允许拥有土地的农户离开村落,凡是那些离村就职的农户必须出售他们所持有的土地;1962 年对《农地法》进行了第一次修改,开始允许农地出租和出售,但是,由于地价的不断上涨,阻碍了农地耕作权的让渡;1970 年和 1982 年先后两次修改《农地法》,突破了土地占有和使用方面的限额,以土地使用权和经营权为中心内容,鼓励土地的租借和流转等;1980 年日本政府颁布的

《农用地利用增进法》对农地的有效流转也发挥了一定的作用。

除此之外，日本还建立合作经济组织等中介机构，来促进农地的流转。合作经济组织作为农地租借转让的桥梁，他们接收租出的农地，再将这些农地租给那些有需要的人们。1993 年制定的有关法律规定，农地流动的方向主要是向“认定农业者”集中，并且那些认定农业者可以获得农地方面优惠的政策支持。

2. 日本土地流转特点

(1) 流转形式多种多样。日本主要通过租赁方式进行经营权的流转。允许农地使用权以多种方式流转，在不同的农地财产权及人地矛盾关系下，在盘活农地资源、提高农地利用效率以适应农业结构调整方面有较全面的阐释。多种流转方式不仅给农地经营者更多的选择农地流转的机会，而且适应现代农业国际竞争体系下农地规模经营及农业融资的需要，有利于农业的长远发展。

(2) 农地流转法律体系比较健全。日本基本上形成了一套农地使用权流转的法律规范体系。在农地私有制下，宪法对私有财产及私有财产权给予特别的保护，宪法为农地使用权的确认及有关农地使用权转让提供宪法依据。在宪法规范的基础上，民事法典或判例中也有具体的农地使用权流转规范。

(3) 政府在土地流转中发挥重要作用。政府通过行政、立法等手段，培育了良好的农地流转的政策和法制环境，也为农地流转创造了良好的市场氛围。另外，农民合作组织的产生和发展也发挥了其作为农地流转市场中介的作用。日本农协的良好发展是各国农民组织发展中的一个比较典型例子。它不仅促进了农民的合作，也成为农地流转过程中最重要的媒介，加快了流转的速度，保证了流转的成功率，为农民提供了有效的保障。

2.2.4　国外土地流转经验借鉴

立足国情，我国应因地制宜地推进土地适度流转和规模经营。从国外土地流转的实践看，世界各国的土地制度改革均无普遍的、现成的模式可循。各国都有其独特的经济和社会发展条件及经济基础，土地流转、规模经营的发展是与非农产业的发展水平、农户数量的减少和农村人口的非农化程度密切相关的，因受多种因素的影响，土地流转的难度很大，由此决定了各国必须探索适合自身特点的土地流转之路。在这个进程中，土地流转较成功的国家在充分尊重农民意愿的基础之上，不断根据经济和社会发展的需要，结合农业和农户发展的实际情况，制定相应出的政策，为土地的流转创造良机，逐步引导农业走上规模经营之路。因此我国土地产权制度改革、土地流转和规模经营，必须立足中国国情，“坚持农村基本经营制度，稳定和完善土地承包关系，按照依法、自愿、有偿原则，健全土地承包经营权流转市场，有条件的地方可以发展多种形式的适度规模经营”，赋予农民更加充分而有保障的土地承包经营权，现有土地承包关系要保持稳定并长久不变，积极探索与建立符合中国实际的、具有前瞻性的土地产权制度。农户始终是土地流转的主体，有权自主决定承包地是否流转和流转的形式，切忌“逼民流转”；要正确理解土地流转与产业发展的关系，防止“为流转而流转、为集中而集中”的行为，坚决杜绝在土地流转中出现政府不当干预和强迫流转的现象；任何土地流转的行为，不管其理由多么充分，都不得改变土地的集体所有性质、不得改变土地的用途、不得损害农民的承包权益。要坚持“实事求是、积极稳妥”的原则，根据当地的客观条件“量体裁衣”，给予农民和地方更多的“放权让利”，鼓励各地在不改变土地集体所有性质和用途的前提下，探索适合本地特点的、多元化的土地流转新模式，允许农民以转包、出租、互换、转让、股份合作等形式流转土地承包经营权，有条件的地方可以发展专业大户、家庭农场、农民专业合作社等规模经营主体。

充分利用土地流转的内在动力，促进其适度流转。从国外土地流转的经验看，促进土地流转，充分利用土地资源是发展的趋势。土地流转的目的与结果是扩大土地规模经营，而且这种扩大都是基于经济发展、农业技术进步、农村劳动力转入非农产业的城市化推拉作用。

随着经济的发展，我国在农产品供求基本平衡，而非农产业又快速发展的情况下，农业发展所面临的问题是农民增收和提高农产品的竞争力。因此土地政策目标的重心也应从强调土地承包权的稳定，逐步向有利于土地经营权的流动和集中的方向转变，以流转促进资源的最佳配置。其实强调农户承包权的稳定和土地经营权的流转与集中并不矛盾，土地承包关系的稳定并不意味着凝固化，稳定不排斥土地权利的市场化流转。资源的流动是市场经济的内在属性和基本要求，只有通过市场调节的手段，才能引导土地的流转和高效配置。目前要充分利用流转的内在动力，促进土地适度流转：一是要坚持“稳制活田，三权分离”的原则，即在土地所有权不变的基础上，赋予农民长期而有保障的土地使用权，实行土地集体所有权、农户承包权、经营者使用权分离，明确所有权、稳定承包权、放活使用权、保障收益权和强化管理权，并按照“流转形式多样化、运作方式市场化、实施程序合法化、流转合同规范化”的要求，严格依法操作；遵循价值规律，流转价格实行“实物计价、货币估算、分段动态计价”，保证价格的合理性、科学性，提高流转效益。二是制定保护土地使用者权益的相关政策，尤其国家要严格控制对耕地的征用，严格界定公益性和经营性建设用地，逐步缩小征地范围，完善征地补偿机制，对被征地农民实行先保后征，使农民基本生活长期有保障，解决好被征地农民就业、住房、社会保障。三是健全土地流转信贷制度，降低农户贷款门槛，保障足额到位；构建风险防范补偿机制，为土地市场的发育和非农产业的发展提供强有力的支持。四是改革传统户籍制度，建立城乡统筹的劳动和社会保障制度，进一步建立和完善多层次的包括农村最低生活保障、社会保险、就业、医疗、教育、农民工保护等社保体系，给农民提供新的安全保障；或借鉴日本的“农业人养老金制度”，完善土地承包制的退出机制，积极引导和鼓励条件具备的兼业农户自愿退出村组集体，终身放弃土地承包权，以“承包地换保障”，逐步弱化土地的福利性和社会保险功能，以解除流转农户的后顾之忧。

积极发展流转中介组织和培育农业经营主体，加快土地流转。根据国外的实践经验，政府利用制度培育农业经营主体，在政策、税收和资金等方面支持土地流转中介组织，积极引导土地流转方向和发展经营规模；加强国家的宏观调控，坚持流转的机制是市场而非政府，值得我国借鉴。因此，我国加快土地适度流转，首先应准确定位政府在土地流转中的角色，主动回归到服务者的本位，为流转做好指导、协调、监督和管理等各项工作，做到“到位而不越位”。其次是加强村委会组织建设，培育和扶持土地流转中介组织，壮大龙头企业。在县、乡镇、村依托基层经济组织，分别设立土地银行、保险公司、流转信息库、流转服务中心、流转合作社等中介组织，积极开展流转规划、供求登记、信息发布、地价评估、谈判、签约鉴证、政策法律咨询、纠纷仲裁、融资保险、托管土地等中介服务，解决“我想流转，谁要”和“我想流转，谁有”的土地使用供求矛盾和土地撂荒问题，为土地流转搭建一个良好的平台，提升其流转的广度、深度、规模、效益等。农民作为土地流转的市场主体，其受教育水平的高低，直接与农民掌握农业与非农业生产技术的多少和程度有关，会影响农民的生产决策行为，也是影响土地流转的主要因素之一。一般说来，农民受教育水平越高，土地市场参与率越高，越倾向于转出土地。目前我国土地流转经营主体培育不足，作为农村推进土地流转和产业化“领头羊”的业主，文化素质普遍偏低。根据这一实际，应积极借鉴法国和日本培育农业经营主体的经验，大力培育农业经营主体，提高农民综合素质和技能，改变目前我国农地经营者老龄化、低知识化及严重阻碍流转和规模经营的现象，加快土地资本存量的流转与土地资产的显化，实现土地增值、农业增效和农民增收。

第三节　农村土地承包经营权确权问题研究

3.1　农村土地承包经营权确权内涵

3.1.1　农村土地承包经营权定义

农村土地承包经营权，是指农村土地承包人对其依法承包的土地享有占有、使用、收益和一定处分的权利。2002 年 8 月 29 日通过《农村土地承包法》使之趋于完善并增强可操作性。

承包的原则：农村土地承包坚持公开、公平、公正的原则，正确处理国家、集体、个人三者的利益关系。

农村土地的范围：农村集体所有和国家所有依法由农民使用的土地，包括耕地、林地、草地以及其他依法用于农业的土地。

家庭承包经营：

(1) 发包方权利：发包的权利、监督的权力、处理的权力、法律行政法规规定的其他权利。

(2) 发包方的义务：维护承包方的土地经营权、尊重承包方的生产经营自主权、为承包方提供必要的服务、组织农业基础设施建设。

(3) 承包方的权利:土地承包经营、土地承包经营的流转、承包地被征用、占有时依法获得补偿的权利、法律行政法规规定的其他权利。

(4) 承包方的义务:维持土地的农业用途、保护和合理利用土地、法律行政法规规定的其他义务。

3.1.2 农村土地承包经营权确权

农村土地承包经营权确权是指对家庭承包土地确权和其他承包方式承包的土地确权。家庭承包土地的确权是依据《中华人民共和国物权法》《中华人民共和国农村土地承包法》等法律规定,由县农村土地承包管理部门对家庭农户承包土地的地块、面积、空间位置等信息及其变动情况记载于登记簿,由县级以上地方人民政府颁发土地承包经营权证书,进一步明确农民对承包土地的各项权益。这是此次农村土地承包经营权确权工作的重点。

3.1.3 农村土地承包经营权确权颁证

农村土地承包经营权确权颁证是指根据《中华人民共和国农村土地承包法》《农村土地承包经营权证管理办法》等法律法规,对家庭承包以外的其他承包经营土地的地块、面积、空间位置等信息及其变动情况记载于登记簿,经县农村土地承包管理部门审核,由县级人民政府颁发土地承包经营权证书予以确认土地承包的权益。其他承包方式承包的土地确权登记颁证需由当事人提出申请,经县级土地承包管理部门根据法律法规进行严格审核后,符合法律规定的,可参照家庭承包经营方式予以登记颁证。

3.2　农村土地确权国内外经验借鉴

3.2.1　国内农村土地承包经营权确权颁证经验借鉴

山西新绛县、陕西高陵县、四川安县是全国农村集体土地承包经营权确权颁证试点工作中比较有代表性的三个县。对这三个县的确权颁证工作进行总结和梳理，借鉴其工作经验，对辽宁省推进农地确权颁证工作有较强现实意义。

1. 山西新绛技术模式

新绛县属于纯农业区，采取以实地测绘和影像遥感测绘相结合的方式，分别对横桥乡宋温庄子村和北张镇西南董村进行了土地确权登记。横桥乡宋温庄子村位于县城西南 5 公里，属于峨眉丘陵台地，全村共有 78 户，323 人，耕地面积 746 亩，主导产业以种植蔬菜为主，聘请专业测绘队进行实地测绘确权登记。

具体方法是：一是宣传摸底。测绘之前，召开了宣传动员会，向村干部、党员代表和群众代表宣传土地确权的重要性和目的；同时组织全体人员分五组，每组三人（其中一人为村民），深入到农户逐户上门统计农户土地承包情况。二是田间实测。专业测绘队共有五人，分两组在田间进行测绘，每组二人，另一个人负责看仪器。每组一个人踩点，一个人画草图，使用的是“2＋1”RTK 测量器，确定基准站设置流动站，采用西安 80 坐标系来定向测绘。三是室内绘图。根据草图和测绘数据，应用 CAD2004 和 CASS60 专用配套工程制图软件,构制出该村土地承包地块平面图,并且标注地块相关信息(包括户名、地块名称、坐标、边长、面积),通过惠普T770工程绘图专用打印机,用A0图纸按1∶1 250的比例,打出平面图。四是权属核实。根据绘制出的平面图,进村入户进行权属核实,并经户主签名确认。五是地块成图。根据农户确认的地块,逐户整合,一方面统一给每个农户制作一个承包地块平面图,包括两方面内容:一是农户全部承包地块图,标注四邻、面积、地块编号;二是每个地块在村的位置图和农户编号。另一方面,为每块地制作一个农户地块图,标注坐标、四邻面积、地块编号和地块形状。六是发证。七是建档立库。北张镇西南董村共有126户,761人,986亩耕地,采取以遥感影像测绘为主、以实测为副的方式进行了土地确权登记。该村具体做法:一是先将影像资料制成图,由熟悉地块的村干部和群众在图上标记农户和地块名称;二是对图上四至不清晰和林地无法分辨的,由公司人员和村里比较熟悉地块的人员现场踩点测绘;三是由村里比较熟悉地块的人员将地块编号,标记图上;四是公司人员制出有农户编号和地块编号的平面图、全村土地地块和农户清册;五是由村干部组织农户进行地块核实,确认面积;六是发证;七是建档立库。

2. 陕西高陵技术模式

陕西高陵县位于陕西省西安市北郊,土地确权试点工作进展较快。该县具体做法:一是组织宣传培训。采取了县级农经部门乡镇集中宣传,县级农经人员入村集中培训的分级宣传办法。对乡镇主要宣传确权登记工作的目的，同时大力宣传确权意义、基本原则、总体要求、登记范围等，提高乡村组干部的思想认识，增强工作主动性与积极性。进村前对确权登记工作组进行集中培训，明确确权登记的工作步骤、具体办法及注意的问题。二是农户户籍资料收集整理。逐户收集基础资料和各村、组的土地承包台账。三是工作人员入户摸底调查。主要工作是深入农户，填写基础调查表。四是开展外业测量。首先聘请专业测绘公司，测定全村土地的地理坐标绝对位置，然后绘制成图，在图中标注相关信息，农户在图纸上按手印，确认耕地面积和空间位置，绘制承包地块“鱼鳞图”。实地丈量要做到：承包户主、左邻右舍、村组干部、产改办、测绘公司涉及人员单位全部到场，指认地畔、确认坐标。根据实地现状绘制草图，实现农户户籍信息、承包土地信息、承包权证及档案资料全部一一对应。五是进行内业数据处理。以二轮承包台账为基础，组织相关单位对测量数据进行严格审核，发现问题必须及时进行复测，从测绘数据源头上确保录入数据准确有效。六是张榜公示审核。为维护农民合法权益，及时化解矛盾纠纷，在确权过程中对测量数据进行张榜公示定案。七是发证。严格发证领证程序，建立了领证签字制度。八是归档建库。建立了土地承包经营权登记簿，同时签订了一式四份土地承包合同。将所有资料全部录入到计算机，实现了信息化管理和资料共享。并对确权登记过程中形成的所有原始资料进行集中归档整理，专人保管。

3. 四川安县技术模式

安县在土地确权过程中科学选择“3＋1”试点类型，即山区、丘陵、平坝各选1个村，另选择1个“5・12”震后异地新建镇，开展农村土地承包经营权登记先期试点。以农村土地实际空间位置和现状为基础、通过卫星图片确定空间位置，利用微机逐块计算承包面积，经公布公示和农户确认后，建立空间位置清晰、地块面积准确、图片文字综合、登记成本低廉的农村土地承包经营权权属管理系统，实现了农村土地承包管理信息化。具体工作：一是宣传和组织发动。县级召开试点村的村两委扩大干部会议和村民会议，各村民小组召开户长会议，细致讲解登记试点的目的、意义和做法。二是成立机构和制定方案。县、乡镇、村都成立领导机构，同时由村民推荐选举3～5位村民代表组成村民小组工作组，具体承担各村民小组试点各项任务，为登记试点工作提供强有力的组织保障。三是收集基础数据。摸底调查试点村组的二轮承包情况，将农户原颁发的《农村土地承包经营权证》书收回，并结合各农户现在实际承包的地块，填写摸底调查表，为登记试点工作提供基础数据。四是制作卫星图片资料。委托测绘单位购置1∶5 000农村土地卫星图片和相关数据。根据卫星图片划分村组界线，并把试点村各个小组的农村土地承包现状图片分别裁出，为登记工作提供技术支撑。根据切除放大的各组卫星图片地斑，逐块勾划地块边界，明确地块空间位置。依据农户指认的承包地块，对卫星图片进行数据处理，再制作承包地块标签（包括承包户主姓名、地块编号、面积等信息)，并组织农户把承包地块标签粘贴到经过数据处理的卫星图片上。将农户粘贴标签后的卫星图片进行数据处理，利用卫星图片数据和微机分别对上图的每一块土地计算出实际面积。五是农户确认承包地块。利用卫星图片和相关数据，分村分组制作单幅小图，由各村民小组工作组组织农户到承包地块实地指认，并将农户承包土地、地块名称和数量计算出的面积、地块空间位置等信息分户打印出公示表，由村组对农户承包土地花名册、农户承包土地台账和农户承包地块的卫星图片公示。公示期间对农户反映有异议的情况，及时进行调查、处理和完善。最后由农户签字确认。六是建立权属管理系统。公示结束后，对各村组汇总资料和农户确认信息进行审核，依法制证、发证。将取得的数据资料，设计制作权属管理软件，登记录入到建立的管理系统。七是归档保管。在试点工作中取得的纸质文档和电子文档，经分类整理，装订成册，进行建档保管。同时乡镇指导村组与农户签订土地承包合同，建立农户承包台账，归档保管。土地是农民的安身立命之本，由于农户在承包期内被建设征用、占用承包地或者调整土地等原因，实际土地承包情况与原确认的土地承包状况有误差。加之少部分农民没有获得承包地或者被违法收回了承包地，农民的合法权益受到了损害。所以研究探讨土地承包经营权登记试点模式和推进措施，实行土地确权登记，是解决农村土地承包现实问题的紧迫需要，也是明确土地承包经营权归属、定纷止争的根本措施。

借鉴国内土地确权模式，研究探索经济可行、准确有效、方便快捷的辽宁省农村土地承包经营权确权登记颁证模式和推进措施，将为全面铺开此项工作做好基础工作，对于进一步推进全省农村土地流转、发展规模经营，推动现代农业发展，推进城乡统筹一体化进程具有重要的意义。

3.2.2 国外农村土地确权改革的经验

土地作为关系到国家发展稳定的最重要的生产资料，受到世界各个国家和地区的高度重视。发达国家对土地制度的研究也比较早，有关农村土地确权改革的经验也比较丰富。主要启示如下：

1. 完善农村土地国家宏观管理制度

发达国家农村土地的宏观管理制度结构科学、体系完整、规范明确、操作性强，是农村土地确权工作的根本。因此，农村土地管理也应加强政府领导，规范组织管理，明确职责分工，要求各部门积极配合参与，给予财政支持，保证经费预算与落实，积极稳妥推进农村土地确权登记各项工作。同时，还要加强宏观管理体系法制化建设，做好立法和执法工作，实现农村土地确权的法制化。对此，可以借鉴美、日等国农村土地确权管理的经验，着力进行改革，具体操作有：先开展农村土地的面积、质量、权属关系等基本信息的调查，建立农村地籍管理档案；进一步完善土地承包制度，明确各主体的权利、责任和利益分配；完善集体组织对农村土地建设用地承包金和地租的使用监督机制，并使监管制度化、常态化；建立农村土地确权纠纷的司法裁决机制，运用司法手段解决确权纠纷，减少政府干预。

2. 设立农村土地发展权制度

土地发展权制度最早起源于英国。在 1947 年，英国颁布的《城乡规划法》中设立了土地发展权制度，土地权利的配置由静态向动态转变。目前辽宁的土地供需矛盾日益突出，农用地未经审批擅自改变土地用途，在耕地保护任务非常繁重的情况下，设立土地发展权就显得极其重要。农村土地发展权应包括：农村土地变更为非农用地的发展权、在农村土地用途不变的情况下扩大投入的发展权、未利用土地变更为农用地或建设用地的发展权、在集体建设用地上进行建设的发展权。同时，在坚持农村土地集体所有的同时，需要在公共财政和预算方面进行科学规划，使土地收益更多地向农民倾斜。具体如下：从已开发土地的发展收益中拿出一部分补偿农民，体现农民的土地主体地位；加大农村公共设施投入，提高农民的生存环境和生活质量；加大监管力度，预防农村集体组织或者个人任意变更农村土地用途；设立农村社会风险基金，用来资助需帮助的农民家庭；保障集体农民公平享受土地发展增益，最大限度地保护农民的根本利益。

3. 赋予农民长期而有保障的农村土地使用权

不同于英美等国对土地使用权的侧重保障，我国的土地立法过分强调对土地所有权的保护，并以所有权决定土地的使用、收益、处分的权利，导致农村土地权属纠纷不断，有限的土地资源不能得到高效、持续的利用。因此，改革农村土地权利配置，就是在确保所有权人权益的基础上，赋予农民更多的农村土地使用权。具体来说，一是要赋予所有权主体和使用权主体平等的法律地位，在不违反法律法规的前提下，所有权主体不能过多地干涉农村土地使用方式。二是赋予使用权主体更多的权益，如增加农村土地使用年限，农村土地使用期满时，如果所有权主体继续转让，那么先前农村土地使用者有土地的优先使用权等。三是坚持土地集体所有不变，土地农用性质不变，搞活农村土地市场，使农村土地具有商品属性，农村土地使用权主体可以依法具有有偿转让、出租等权利。四是要把土地使用权作为土地财产的基础，在征地补偿、土地流转、抵押等方面侧重对土地使用权主体的收益分配，激发他们保护农村土地的愿望。

4. 建立健全农村土地确权成果的社会化服务体系

英、日等国的土地确权成果都和社会化服务紧密联系。因此，完善农村土地确权管理制度，也应注重提高土地确权成果的社会化服务水平。一方面，提高土地调查、土地确权等成果的公开程度，使土地调查测绘成果社会化应用充分。具体来说，就是要建立统一的农村土地确权信息管理系统，包括权属调查、地籍测量、土地登记、土地交易、文件和纳税信息都要公开，逐步实现土地确权信息网络交汇、动态更新、共享成果。另一方面，加强监督土地确权成果在产权交易、抵押、收益等方面的应用，提高土地确权成果社会化应用水平。现阶段，辽宁农村土地普遍是有偿使用，在政策规定许可的范围内，农村土地可以自由流转、出租和转包。这种情况下，政府就可以根据农村土地确权成果进行登记收费和规划引导，保证土地管理和监管工作的同步和有效。总之，建立健全农村土地确权成果的社会化服务体系可以节约信息传送的成本，提高工作效率，降低工作的无序性和盲目性，从而更加合理有效地配置土地资源，保障基本农田。

5. 实行复合的土地所有制

中国是社会主义国家，农村土地也不能走私有化的道路，农村土地确权改革路径也要符合本国国情，不能完全照搬其他国家的模式。现阶段，实现土地农民永久使用，或者让农民成为农村土地唯一的所有者，条件还不成熟，要采取循序渐进的办法，在遵循社会主义制度的前提下，实行国家和农民双层复合的土地所有制，即国家拥有土地的最高所有权，但不直接支配土地，在法律上规定农民享有最高限度的使用权，享有对农村土地财产的实际占有权和处分权。这样，既能保障农村土地灵活使用，又不违背体制，降低了改革阻力，能更好地实现农村土地管理的目标。

3.3　辽宁省农村土地承包经营权确权颁证现状和问题

3.3.1　辽宁农村土地承包历史沿革

1. 实行土地家庭承包责任制

从 1979 年起，辽宁各地农村群众和干部开始探索新的经营管理方式，由最初的统一经营、集体劳动、评工记分到统一经营、集体劳动、定额记分再到包产到组，由生产队根据各组承包的产量计算报酬。受长期“左”的错误的影响，辽宁省各级党组织和各级干部对农村土地制度改革普遍持谨慎和观望态度。1980 年，辽宁根据中央《关于进一步加强和完善农业生产责任制的几个问题》的文件精神，朝阳、阜新作为贫困地区首先实行了包产到户和包干到户责任制。由于许多干部过分强调辽宁农村的特殊情况，实行家庭承包责任制步伐较慢。1982 年，全国实行包干到户和包产到户的生产队，占生产队总数的 86.7%，而辽宁只占 29%，大连地区只占 2%。1982 年 10 月，中共辽宁省委召开全体(扩大)会议，强调“思想要解放，态度要积极，步骤要稳妥，工作要做细”，到 1983 年底，家庭承包农户已占总农户的 83.9%。1984 年 1 月，中央发出 1 号文件，规定土地家庭承包期限为 15 年。到 1984 年底，全省有 506 万农户实行了家庭联产承包责任制，占全省总农户的 93%。农村家庭联产承包责任制实行以后，把集体的土地长期包给各家农户使用，农业生产基本上变为分户经营、自负盈亏。这种责任使农民获得生产和分配的自主权，把农民的责、权、利紧密结合起来，不仅克服了以往分配中的平均主义、“吃大锅饭”等弊端，而且纠正了管理过分集中、经营方式过分单一等缺点。这种制度受到农民的普遍欢迎，它提高了农民的劳动热情，促进了农业生产的发展。

在落实责任制、调整生产关系的同时，从 1982 年开始，全省农村进行了乡社一级管理体制改革。到 1983 年底全省农村近 70%的公社实行了政社分设，成立了乡(镇)政府 823 个，公社改为经济组织的 444 个。这样，辽宁各地就基本上实行了政社分开，冲破了原来农村人民公社“政社合一”的模式。农村经营管理体制的改革，极大地促进了农业生产的发展。1983、1984 年，全省粮食产量都达到了 140 亿公斤以上，创历史最高水平，比 1978 年增长了 30%左右，长期缺粮的辽宁省实现了购销平衡，略有结余，农民收入也大有增加。

2. 改革土地经营方式的初步探索及终止

1984 年，经济体制改革的重心从农村转移到城市。由于农业生产资料的价格自 1985 年起出现了连续大幅度上涨，农民负担加重，收入增长缓慢甚至减少，其生产积极性受到挫伤，再加上 1985 年辽宁遭受罕见的台风暴雨灾害，全省粮食产量大幅度下降。为了扭转农业生产的不利局面，省委开始寻求农业发展的新出路。一些部门的领导干部和部分理论工作者把着眼点放在了改变农村土地经营方式上面。1987 年底，省农委提出一份报告，题目是"关于完善合作体制发展集约经营意见的报告"。该报告分析了经济发达和不发达地区农村的生产情况，认为应该改变"家家都有责任田，户户都搞小而全"的状态，根本出路在于农业的发展需要由粗放经营转向集约经营。"客观上就要求土地逐步向一部分种田能手集中，这是一个必然的趋势。"该报告提出了由地区性合作经济组织指导承包经营农户勤劳生产、统一耕种分户管理、专业承包统一经营、家庭机械化农场、合作农场、村办农场、厂办农场、统一经营专业承包等八种形式。这份报告后来以省委文件下发，在全省引起强烈反响。由于文件没有提到稳定家庭承包 15 年不变，没有提到尊重农户经营自主权，而且反复强调统一和集中，使许多基层干部和农民认为党的家庭承包政策要变了。一些农民认为这是又要回到过去"归大堆"的老路上，害怕承包的土地被收上去，因而不再增加投入;个别农民甚至扬言要采取过激手段,保护自己的承包地。一些干部认为,粮食够用了,家庭承包的作用也该结束了,还是要走集体化道路才是农村下一步改革的出路。由此可见,由于当时规模经营的条件还不成熟,如果强制推行,容易造成农村社会的不稳定。

自 1989 年下半年起,省委强调要稳定农村政策。对规模经营和集约经营不再作硬性要求提出。省委副书记、省长李长春在讲话中提出的要求是"在条件具备的地方,根据农民自愿原则,积极稳妥地推进适度规模经营和集约化经营"。1990 年,省委、省政府的《关于加强农业若干问题的决定》以及省委召开七届二次全体(扩大)会议的报告都同时指出:要稳定以家庭承包为主的责任制。凡是承包办法基本合理,群众基本满意,就不要变动。在二、三产业比较发达、劳动力转移到非农产业和多种经营较多的地方,可根据自己的条件和群众的自愿,发展农业适度规模集约经营。不具备条件的不要急于求成,盲目推行。至此,以推广规模经营和集约经营为主要内容的农村土地经营方式的探索基本上停止了。

3. 家庭经营的法律化制度化

和第二轮土地承包针对 1984 年中央 1 号文件规定的农民承包土地 15 年不变的政策,1993 年 11 月 5 日中共中央国务院制定了《关于当前农业和农村经济发展的若干政策措施》,明确提出,在原有耕地 15 年的承包期到期后,再延长 30 年不变。开垦荒地等从事开发性生产的,可以更长。1998 年 8 月这一政策措施被写入修订的《土地管理法》。同年 9 月,中共中央总书记、国家主席江泽民在安徽考察工作时强调："深化农村改革，首先必须长期稳定以家庭承包经营为基础的双层经营体制。这是党的农村政策的基石，任何时候都不能动摇。""中央的土地承包政策是非常明确的，就是承包期再延长三十年不变。而且三十年以后也没有必要再变。"1998年10月，中共中央颁布《关于农业和农村工作若干重大问题的决定》，在关于土地承包政策方面，该决定指出：要坚定不移地贯彻土地承包期再延长三十年的政策，同时要抓紧制定确保农村土地承包关系长期稳定的法律法规，赋予农民长期而有保障的土地使用权。2002年8月，全国人大常委会第29次会议通过并公布了《中华人民共和国农村土地承包法》，农村土地承包以法律的形式得以确认。按照中央的精神，辽宁省农村全面实行了以30年为期限的第二轮耕地承包和50年以上的荒山、荒地、荒坡、荒滩（简称"四荒"）承包。到2004年春耕前，第二轮土地承包工作基本结束，大部分土地已分到农民手中。全省有14 462个行政村进行了第二轮耕地延长承包，占行政村总数的94.4%。已签订土地承包合同5 546万份，占应签订土地承包合同总数的96.1%。承包合同、土地经营权证入户率分别达到95.9%和83.6%。

4. 土地流转制度的建立和实施

随着经济的发展和改革的深入，特别是乡镇企业的兴起和对农民进城务工限制的解除，许多农民开始离开承包的土地。要适应这种趋势和要求，就必须在保障农民土地承包权的同时，放活使用权，建立合理有效的土地流转制度。中共中央、国务院1993年11月5日制定的《关于当前农业和农村经济发展的若干政策措施》中，对土地使用权的转让做出了规定：在坚持土地集体所有和不改变土地用途的前提下，经发包方同意，允许土地的使用权依法有偿转让。2001年12月30日，中共中央发出《关于做好农户承包地使用权流转工作的通知》。该通知指出："在稳定家庭承包经营制度的基础上，允许土地使用权合理流转，是农业发展的客观要求，也符合党的一贯政策。当前农村出现的土地使用权流转，多数反映了生产要素的合理流动和优化配置，总体上是健康的。但是，一些乡村推行的土地流转，存在不少违背农民意愿、损害农民利益的问题，需要引起足够重视。"为了引导农村土地使用权流转健康发展，该通知做出了如下原则规定：① 农户承包地使用权流转要在长期稳定家庭承包经营制度的前提下进行；② 农户承包地使用权流转必须坚持依法、自愿、有偿的原则；③ 规范企事业单位和城镇居民租赁农户承包地，农村土地流转应当主要在农户间进行；④ 加强对农户承包地使用权流转工作的领导。在中央有关方针政策的指导下，辽宁各地从实际出发，有序推进农村土地承包经营权流转。到2004年春播前，全省农村土地流转面积为266.5万亩，占全省农户承包土地面积的5.8%，涉及农户48.3万户，占全省总农户的8.1%。

5. 土地确权制度的探索和开展

2000年，由于过高地估计了延包工作，认为二轮延包工作已经结束，一些地方开始积极推进土地流转，"确权不确地、随意调整收回承包地”等问题开始显现，并引发了2003—2004年的土地承包纠纷上访高潮。辽宁省委、省政府采取以落实承包法律政策为核心、以解决纠纷问题为重点的专项治理工作，利用4年的时间，共解决了2 000多万亩的土地确权问题，实现“土地确权、合同签订、证书发放”3项到户比率达98%以上，基本完成了赋予农民长期而有保障的土地承包经营权工作。在赋权的基础上，辽宁省根据党的十七大和十七届三中全会决定精神，在深化土地制度改革、完善权能方面开展积极探索，主要是围绕“三权”的确定展开。

3.3.2　辽宁农村土地承包经营权确权现状

2008年至2013年，中央“一号文件”多次部署开展农村集体土地确权登记发证工作。辽宁省委、省政府对此高度重视，把这项工作作为深化土地管理制度改革、促进城乡统筹发展，维护农民合法权益和加强社会管理，促进经济社会全面协调可持续发展的重要举措。从2009年开始，辽宁省根据农业部的要求，先后在清原满族自治县、新民市、东港市和彰武县开展了农村土地承包经营权确权登记颁证试点工作。2011年6月，全省农村集体土地所有权确权登记工作启动后，辽宁成立了全省确权登记领导小组，并出台了《辽宁省农村集体土地确权登记发证工作实施方案》。方案明确了农村集体土地所有权确权登记发证范围，包括属于乡、村、组农民集体所有的全部建设用地、农用地和未利用地；明确了工作任务，即确定所有权主体，深入开展权属和地类调查。为了确保确权工作顺利进行，辽宁省采取了“七统一”措施，全力推进。及时总结全省在此项工作中出现的突出问题，出台了《全省农村集体土地确权登记发证工作有关问题的处理意见》，统一政策标准。召开各类专题会议60余次，加强督导，统一工作进度，并加大宣传，统一舆论导向。同时，结合集体土地所有权确权登记发证工作，统一部署开展了市、县际土地权属接边工作；组织制定了统一的省、市、县三级土地登记发证和权属争议调处的系统标准，完成了系统开发和数据库建设；组织制定了《辽宁省农村集体土地确权登记发证工作核查技术规定》，统一了成果质量，并开展了全省0.2米分辨率1：2000比例尺航空正射影像图制作工作，统一精度标准。通过农村集体土地确权登记工作，全省积极组织开展现场调查、踏勘，明晰土地产权，保障了农民合法权益，为农村土地综合整治、用地审批和促进城乡统筹发展奠定了坚实基础。2014年辽宁省在全省77个涉农县(市、区)的77个乡(镇)开展了农村土地承包经营权确权登记颁证试点。截至2014年年底，77个乡(镇)已完成对23.8万农户的调查，占试点总数的79.8%；9.1万农户的73.67万亩承包地实地测量完毕，分别占试点总数的30.5%和21.4%。从2015年起，辽宁省将全面实施农村土地承包经营权确权登记颁证，力争到2017年基本结束。

3.3.3 存在的主要问题及成因分析

从辽宁省农村集体土地确权登记颁证试点工作整体情况来看，主要存在以下5个方面的困难和问题。

1. 土地权属争议多

辽宁省农村集体土地确权登记颁证工作，受二轮承包中新旧矛盾叠加积累而引起的土地权属争议影响较大。权属纠纷可以分为两大类:一类是集体与国有之间。主要是村组与水利、林业、交通、电力等部门之间的所有权争议,这些纠纷还与土地用途问题交织在一起,历史跨度长,成因复杂。在有些地方,农户耕地与国有林地犬牙交错,耕地与草原边界不明,农民在河道、行蓄洪区、水库淹没区内开荒种地,权属不清;此外还有道路交通、电力设施占地与集体耕地的边界争议。涉及的耕地有的已签入农户 30 年承包合同,有的还取得了政府发放的承包经营权证书。另一类是集体与集体之间。主要是乡与村组之间、村与村之间、村与组之间、组与组之间的所有权争议。农村土地权属关系混乱、土地权属争议多,引发了大量农民抵制确权、上访告状等现象,如果不能妥善解决,将影响确权登记工作的顺利开展。

2. 权属来源资料不全

一是由于历史原因,土地经过了几次大的变革,加之全省 1987 年以前没有一个统一的土地管理机构,多部门管理土地形成的土地权属来原资料不全。二是 1987 年省、市、县三级建立土地管理机构以后,进行的"三项非农业建设用地清查",有的仅凭调查统计表就颁发了土地证书,还有的县(市)放到乡镇和村街去填证,形成了宅基地造假、面积不准、张三的宅基地证发到李四手中等问题。三是 1988—1989 年全省范围内进行的土地登记,时间紧、任务重、人员少、工作粗放、不规范,造成权属来源资料不全。四是技术手段落后。几次大的清查、清理活动大多是用测绳、皮尺、钢尺量边,甲、乙双方认定界线后进行了登记发证等，这些都造成权属材料来源不全。五是部分资料丢失。过去所有的土地登记、审批、图件档案没有电子文档。还有的少数农民自己保管不善，连土地使用证、用地审批手续等权属来源证明材料全部丢失，给依法登记发证带来一定的难度。

3. 土地流转不规范

农村土地流转是加快发展现代农业的客观需要，可以提高农业效益，不断增加农民收入。由于现行土地承包经营权流转登记制度不统一，部分流转方式登记存在空白，因此土地流转缺乏有效的引导和管理，农民又欠缺法律意识，于是各种问题凸显，直接影响了土地确权登记工作的进行。表现在：① 流转行为不规范。一是自由流转普遍，即村民与村民之间私自进行转包、转让、互换现象普遍。二是流转合同不规范。农户之间不签订书面流转合同，只有口头约定；即使有书面合同，其内容也不完整，在某些方面不具备法律效力。如有的村民在土地转让时不经村集体经济组织审查同意；有的不按照规范签订合同，合同条款条目不明确，也不经合同管理机构审查、鉴证；有的合同甚至与现行法规相冲突，流转中出现租用土地期超过了二轮承包期规定时间的现象，从而引起租用纠纷。三是流转用词不规范。有些农户在流转方式上写的是“转让”，实际上是“转包”。四是原先随其他买卖物已流转、搭让的土地，多年后原土地承包者又强烈要求收回土地；还有原先代租、代种的土地，多年后原土地承包者又要求收回，形成较多纠纷。② 土地流转缺乏有效的引导和管理。一是个别地方在流转程序、流转手段、流转档案管理等方面缺乏统一规定；二是少数基层干部对土地流转认识不足，认为“土地承包期 30 年不变，不是土地的地块不变，而是政策不变”，土地流转属承包者个人的事，因此对土地流转不加以科学的引导和必要的规范。③ 成员资格确定不明，妨碍土地承包权的市场化流转。尽管《承包法》对农户土地承包权实施物权保护，但现有法律对农民集体成员资格不明确。而到了村社内部，农民对集体所有制下的成员权观念根深蒂固，他们认为，既然土地是集体所有的，每个村社成员就应享有土地承包经营权，由此带来土地纠纷上升。

4. 土地确权登记颁证资金不足、人员匮乏

要实现土地承包经营权物权化管理，必须完备地籍信息，健全登记技术程序，包括权属调查、土地登记、地籍信息管理以及地籍信息系统建立，这需要大量的人力、物力和财力投入。但是，虽然辽宁经济发展较快，但是大部分县市区资金用于经济建设，致使财政紧张，土地确权登记颁证资金不足。根据《农村土地承包经营权证管理办法》第 4 条规定，县级以上地方人民政府农业行政主管部门负责农村土地承包经营权证的备案、登记、发放等具体工作。而实践中，主要由乡镇农业经济管理站操作，而镇农业经济管理站却面临“三无”情况，即“无人员、无场所、无资金”，在如此短的时间内对全部集体土地进行确权，对当地的政府和土地部门是一种极大的考验。

5. 农民对集体土地确权的动力不足，部分农民存在抵触情绪

原因有以下六个方面：一是很多群众及少数基层干部对农村集体土地确权登记发证的意义和目的认识不够，没有充分认识到农村集体土地所有权、集体建设用地使用权、农村居民宅基地调查登记发证的重要性。二是一部分农民由于其家庭人口减少了，但其土地面积并未减少，担心一旦进行了土地确权，村集体就会收回他们多余的土地，表现最明显的是“五保户”和“多女户”。三是部分农民由于擅自开发了一些“四荒”土地和林地，增加了自己的耕地面积，带来了经济效益，他们不愿意因为土地确权暴露多开发的土地，更害怕因此村集体把多出的土地无偿收回。四是不少村或村民小组在当年上报承包土地数据时，为了减少上缴给国家的农业税，故意瞒报或少报承包土地的数据，现实中很多村集体或者村民小组都存在着大量多余的“黑地”，这些村集体或村民小组对土地确权心存较大的顾虑，担忧一旦这些“黑地”经过确权，原来的既得利益就会受到损失。五是农村“小产权房”侵占农村集体土地现象较为严重，而且存在多年，涉及面广，牵连人多，既有农村居民也有城镇市民，既有普通百姓也有当地乡村干部，出于各自自身利益考虑，他们在不同程度上阻止集体土地确权工作。六是一些集体土地与国有土地长期存在交叉、混同现象，界限不清晰，而这些国有土地长年没有主体去经营，更无人监管，村民乱占、乱用现象较为严重，大量的国有土地被农民或者村干部种上树木或其他多年

生的农作物，短期内无法清除、移走，这些村民一定会极力反对集体土地确权工作。此外，广大农民的文化水平不高，对土地登记程序的了解不透，获悉渠道有限，往往会出现多次往返于农村和登记部门的现象，耗费了大量的时间和精力。程序的繁琐和宣传的不到位在一定程度上提高了农民的土地登记成本，影响了农民的积极性。

3.3.4 加快推进辽宁农村土地承包经营权确权工作开展的对策建议

农村土地承包经营权确权登记是当前辽宁农村改革的重中之重，是一项利国利民的民心工程，同时也是一项庞大的系统工程。针对工作中遇到的困难和问题，结合辽宁省实际，提出以下六个方面的建议：

处理好改革、发展与稳定的关系。辽宁省在推进农村集体土地确权登记颁证工作过程中应统筹处理好改革、发展、稳定的关系。一是要加大工作力度，全面推进确权工作，通过确权登记颁证，赋予农民更多的财产权利，进一步完善农村基本经营制度。二是要坚决避免由于标准不公、方法不当、程序不全，或急于求成、盲目求快等，引发新的矛盾和问题，干扰确权登记颁证工作。三是农村土地确权登记工作必须要严格依据现有法律法规和政策开展工作，对于法律法规和政策没有明确规定的，要依照法律政策基本精神，结合当地实际做出具体规定。四是坚持不对承包关系做大的调整总原则，对一些历史遗留问题和个别存在争议的地块，是否需要调整、怎么调整，都应由农村集体经济组织和农民商定。

五是试点中碰到的具体矛盾和问题，应该充分依靠集体经济组织成员，通过民主议事、民主协商的办法来解决。

妥善解决土地确权难点问题。目前，辽宁省农村土地承包经营权确权工作处于试点阶段，实际工作中遇到的疑难问题多，处理难度大。因此，建议在换发承包经营权证书过程中，对实测后面积增减的处理，要以农户代表在农户土地承包确权地籍图上签字认可的面积为准。其中因承包农户"拱地头"或"扩边"导致的面积增加，应按照实测面积并经农户确认后进行处理。因土地肥力差异等级折算导致的面积增加，应按照实测面积，经农户确认后进行处理，并在承包登记簿里要予以标注。因农户开荒、复垦、违法占地等原因导致的地块面积增减，一般不予登记，违法占地也不予登记，有争议的改变用途的暂时不予以登记。原来土地是用来种植庄稼的，后来种植了林木，如果是依法退耕还林，并领取了林权证的，就不予登记。如果是农户自行在耕地上种植林木的就应予以登记。农地承包合同签字权在承包户代表，家庭成员中户口不在本户的要进行标记。"共有人"的确定，建议采取以二轮承包时分地人口来登记，另外对确权登记时现有家庭成员也进行登记。特殊群体登记，如出嫁女（入赘男）、离婚女、大学生、公职人员、士兵等，按照二轮承包时的情况来进行处理，依法保护特殊群体利益。村或组集体预留的机动地和后期整块复垦新增耕地的确权登记在村或组集体，应承包给增加人口的农户。其他由于开荒和复垦导致面积增减变动的土地，由村委会和农户协商解决，原则上谁开荒归谁，但要确定经营年限。

积极争取各级财政支持，保证经费预算与落实。在争取资金保障方面，建议省级财政每年从地方土地出让收益中提取一定比例的资金用于确权登记工作，中央财政每年从地方土地出让收益中提取一定比例用于平衡全国土地总登记的开支。市县各级财政部门把农村土地确权工作经费列入当年财政预算予以保证。根据辽宁省土地确权工作的实际情况，建议按中央财政进行试点项目资金补助，弥补确权经费不足。省级财政对土地权证、承包合同等文本资料的印刷费和测绘仪器、专用软硬件购置费，市县土地确权业务人员培训费、省级调研等可以安排专项经费。县级财政对村级劳务费、培训费以及县乡两级日常办公经费等进行专项安排。登记试点工作经费要纳入县级财政预算或调整预算予以保障。对于财力较差的县经费存在缺口的，省级财政统筹解决。

推动土地承包信息化管理。建立健全农村土地承包确权登记信息采集、处理、发布和应用管理等方面的技术标准，规范业务流程。建立全省统一的登记信息管理系统，包括权属调查、地籍测量、土地登记、地籍信息、地籍信息系统建设管理，建立为地籍管理业务服务的计算机信息管理服务系统，实现登记信息实现共享。统一采用的软件要解决与已有软件信息系统的对接问题，要尽量避免系统不兼容的后果。

积极开展登记培训，提高确权人员素质。土地确权工作是一项利国利民的新工程，开展时间短、技术性强、对人员素质和责任心要求严，在实际操作过程中，由于确权人员群体差异大、素质参差不齐，所以加强对登记工作人员培训迫在眉睫，培训重点应突出以下内容：一是要加强登记所涉及的土地承包政策法律培训。特别是针对登记过程中容易出现的问题，要有针对性地开展政策培训，提高基层工作人员利于政策法律解决实际问题的能力。二是加强登记软件操作和地籍管理知识培训。三是加强登记工作档案管理知识培训。培训方式可以采取分级培训、现场培训和理论培训相结合的方式，省级对市县两级土地确权技术人员进行培训，市县两级培训乡村两级土地确权技术人员，培训方式灵活多样，田间地头、培训地点都可以进行，也可以和其他试点地区进行经验交流，取长补短，探索更加经济可行、方便快捷的土地确权新模式。

加强安全保密，认真做好登记保密工作。农村土地确权信息内容地理坐标精度高、空间信息内容丰富，必须按照有关规定严格区分公开内容。目前按照我国家测绘、保密法律法规规定，登记过程中使用的测量原始记录、基础工作底图、6平方公里以上的地籍草图和相应范围的登记成果图件均属于国家保密范畴。相关单位要站在维护国家安全和民族利益的高度，切实重视地理信息的安全保密工作；进一步加强地形图保密处理技术使用的管理，加大涉密测绘成果及涉密地理信息应用领域的保密审查。测绘成果、系统开发成果要及时建立档案并归档。档案根据不同类别分地妥善存放，不得乱丢乱放，以利查找使用和确保国家秘密的安全。涉密人员要强化信息安全保密意识。加强登记宣传教育，建立健全登记保密制度，和加强保密设施建设，建立保密审查机制，提高科技防范能力。做到公开内容和保密内容进行严格筛选，违反规定者要追究相关责任。

第四节　农村土地承包经营权流转问题研究

4.1　农村土地承包经营权流转内涵

农村土地承包经营权流转，是指在农村土地承包经营权有效存在前提条件下，在不改变农村土地所有权权属性质和主体种类与农村土地农业用途的基础上，将该物权性质土地承包经营权或者从该物权性质土地承包经营权中分离出来的部分权能等具体民事权利转移给他人的行为。中国是一个传统的农业国家，在近 14 亿人口中，农村人口占据绝大部分，这些人祖祖辈辈生活在农村，土地是其生存的主要依靠、生活的主要来源，成为最基本的生产资料，土地制度的健全与否、土地承包经营权流转是否适应社会经济的发展要求，不仅关涉到农民的切身利益，也影响到国民经济的发展。

4.2　农村土地承包经营权流转的必要性

4.2.1　农村土地承包经营权流转是工业化、城市化、市场经济化发展的必然

我国长期以来的城乡二元化结构中，农村土地承包经营权一直被看作是农民的一种福利，但随着城镇化、工业化进

程的加快，农民大量涌入城市，很多农村出现了“空心村”现象，农村土地也大量开始闲置，农村土地承包经营权已慢慢失去了保障农民生活的社会保障职能。目前，我国市场经济体制初步建立并日益完善，在市场经济体制下，市场是社会资源配置的基本手段，“一切生产和生活要素都要纳入市场中进行调控”，这样才能更好地实现资源的优化配置，土地是最基本的生产要素，目前城镇国有化土地市场建设已趋于完备，但农村土地市场还没有建立，市场经济要求商品、生产要素的自由流通，只有建立农村土地承包经营权流转市场，才符合市场经济的市场配置资源要求，才能提高农村土地的利用收益，农村土地承包经营权流转市场的建立和完善是整个社会主义市场经济体制完善的重要组成部分。农村土地承包经营权流转不仅能够促进城镇化的进程，优化农村土地资源的优先配置，更有利于城乡一体化的发展，是实现城乡一体化目标的必然要求。

4.2.2 农村土地承包经营权流转是现代农业产业化发展的必然

现代农业，实质是指运用现代的科学技术和生产管理方法，对农业进行规模化、集约化、市场化和农场化的生产活动.现代农业是以市场经济为导向，以利益机制为联结，以企业发展为龙头的农业，是实行企业化管理，产销一体化经营的农业。其中机械化和集约化是现代农业的基本特征。现代农业的机械化和集约化是以土地的集中规模经营为前提的，而小规模经营对现代农业是一种障碍。农村土地承包是以家庭为分包单位在土地改革过程中发展起来的，土地相对比较分散，只适宜小规模的家庭承包经营，而随着市场化的发展，分散经营的小生产是与大市场的矛盾日益加剧，成为农业增产农民增收的障碍，只有允许农村土地承包经营权流转，优化资源配置，提高生产的集约化程度，实现产业化经营，从而实现由传统农业向现代农业对的转变。

4.2.3　农村土地承包经营权流转是解决三农问题的必然

土地是农民赖以生存的最基本的生活保障来源，也是农村经济发展的最基本条件，是决定三农问题的基础性因素。三农问题的关键是在于促进农民收入的增长。农村土地承包经营权流转，一方面可以扩大规模化农业经营，提高效益，增加收入，为农村经济的发展起到带头促进作用；另一方面，可以鼓励农民外出务工或者从事非农业生产，让劳动力从有限的耕地上解放出来，创造其他财富收入。另外，通过农村土地承包经营权盘活闲置的土地，可以真正体现土地资源的价值，从而实现通过土地增值带来实实在在的收益。

4.3　农村土地承包经营权流转主要方式

(1) 转包。转包是指承包方将部分或全部土地承包经营权以一定期限转给同一集体经济组织的其他农户从事农业生产经营。转包后原土地承包关系不变，原承包方继续履行原土地承包合同规定的权利和义务。接包方按转包约定的条件对转包方负责(承包方将土地交他人代耕不足一年的除外)。

(2)出租。出租是指承包方将部分或全部土地承包权以一定期限租赁给他人从事农业生产经营。出租后原土地承包关系不变,原承包方继续履行原土地承包合同规定的权利和义务。承租方按出租约定的条件对承包方负责。

(3)互换。互换是指在承包方之间为方便耕作或者各自需要,对属于同一集体经济组织的承包地块进行交换,同时交换相应的土地承包经营权。

(4)转让。转让是指承包方有稳定的非农职业或者有稳定的收入来源,经承包方申请和发包方同意,将部分或全部土地承包经营权让渡给其他从事农业生产经营的农户,由其履行相应土地承包合同的权利和义务。转让后原土地承包关系自行终止,原承包方承包期内的土地承包经营权部分或全部灭失。

(5)入股。入股是指实行家庭承包方式的承包方之间为发展农业经济,将土地承包经营权作为股权,自愿联合从事农业生产经营;其他承包方式的承包方将土地承包经营权量化为股权,入股组成股份公司或者合作社等,从事农业生产经营。

4.4 农村土地承包经营权流转现状

4.4.1 我国农村土地承包经营权流转发展历程

历年来,中央对农村土地承包经营权流转问题一直高度重视。1978 年通过农村改革实行了以家庭联产承包为主的责任制，确立了农户的市场主导地位。1984 年中央 1 号文件首次提出允许农户经集体同意可以转包承包地给种田能手，土地承包期确立为 15 年，1993 年中央 11 号文件提出允许农户在承包期内转让土地使用权承包期确定为 30 年；1998 年党的十五届三中全会的决定中提出“土地使用权的合理流转，要坚持自愿、有偿的原则依法进行”，全国全面开展延长土地承包期 30 年的工作，2001 年中央 18 号文件系统地提出了土地承包经营权流转政策；2002 年颁布的《农村土地承包法》把土地承包经营权流转政策上升为法律；2007 年实施的《物权法》进一步完善了土地承包经营权流转的有关规定，党的十七大提出“按照依法、自愿、有偿原则，健全土地承包经营权流转市场，有条件的地方可以发展多种形式的适度规模经营”，指明了土地承包经营权流转的方向；2008 年 10 月 12 日党的十七届三中全会在保持土地承包经营权流转政策连续性的基础上，总结了近年来各地土地承包经营权流转的经验，在制定的《中共中央关于推进农村改革发展若干重大问题的决定》中，再次提出“按照依法、自愿、有偿原则，允许农民以转包、出租、互换、转让、股份合作等形式流转土地承包经营权，发展多种形式的适度规模经营”；中发〔2009〕1 号、〔2010〕1 号文件都对土地承包经营权规范流转提出了新的要求。最初的土地流转起源于 1999 年个别农户之间的小规模流转，随着党的支农惠农政策的实施和流转政策明朗，流转规模逐步扩大，流转形式也呈现多样化。

4.4.2 农村土地承包经营权流转存在的问题

社会保障体系跟不上，影响农村土地承包经营权流转。现行农村土地承包经营权的流转主要是以农民的自发性流转为主，流转缓慢，既有转出方面的原因，又有转入方面的原因。转出户积极性不高，担心土地流转后丧失土地经营权，缺少就业门路，认为土地在自己手上，就是一种保障。由于农村的养老、医疗、社会救助等社会保障体系不健全，农民除外出务工取得一部分收入外，主要还是依靠土地收入解决口粮、看病、上学等问题，特别是对于年龄较大的农民，对土地的依赖程度更高，对于流转土地存在着后顾之忧。对于转入户来说，农地利用率过低，国家缺乏政策性扶持，让很多转入户产生了畏惧心态。

农村土地承包经营权流转机制不完善，服务机构缺乏。我国还没有真正建立起较为完善的农村土地流转市场，在农用地流转价格上还没有形成能反映市场规律的基本价格，转出方往往是分散的农户，在定价上处于不利地位，而且大部分农村土地承包经营权流转还是在本集体经济组织内部进行，市场化程度较低，流转市场不良，中介服务机构缺乏，这些都制约了农村土地承包经营权的长期有效流转，无法真正使农村土地经营权流转盘活起来，形成适度规模，在更大范围内实现土地资源的合理流动、规模化经营和优化配置。

农村土地承包经营权流转的方式不充分、过程受限、程序不规范。依照目前的法律规定，对于家庭承包取得的农村土地经营权只能以转包、出租、互换、转让等方式进行流转，不允许其以继承、抵押、入股等方式流转是当前农村土地承包经营权流转不充分的具体表现，法律对其限制主要是基于农村土承包经营权的社会保障性，但这种限制规定是不合理的，既然允许转让，那么应允许抵押、入股。设立抵押或者允许入股，《土地承包法》和《物权法》均规定了土地承包经营权转让的，应当经发包方同意。这是与农村土地承包经营权用益物权的物权属性相违背的，依照物权法原理，转让用益物权是自由的，不应受到限制，而且对于什么情况下发包方应同意，什么情况下发包方不得同意，均没有明确的法律操作细则。这就完全制约了农村土地承包经营权的流转，而且赋予了发包方更大的没有具体法律规定的权利，往往不利于农村土地承包经营权人的利益保护。《土地承包法》虽然规定了农村土地承包经营权流转的，应当签订书面合同，应当报发包方备案，但实践中，大部分农户之间的农村土地承包经营权的流转往往只是私下的、口头的、以实践行动履行的流转，对双方的权利、义务并没有做明确的规定，而且对于有些委托签订合同并没有授权委托书，或者是乡镇、村组织代替签订农村土地承包经营权转让合同，或者是合同主体一方不符合法律或国家有关规定，认为了造成了农村土地承包经营权流转纠纷。

农村土地承包经营权流转纠纷的法律缺陷。《土地承包法》第三十七条规定："采取转包、出租、互换、转让或者其他方式流转，当事人双方应当签订书面合同。采取转让方式流转的，应当经发包方同意；采取转包、出租、互换或者其他方式流转的，应当报发包方备案。"而实践中，采取转包、出租、互换或者其他方式流转农村土地承包经营权的当事人双方并没有报发包方备案，对于该双方当事人签订的合同是否有效问题，根据《合同法》理论，该合同成立并生效，虽未报发包方备案，当不影响合同的效力，合同当事人双方的权利和义务，这也就导致《土地承包法》中关于备案的规定成为一纸空文。而且采取转让方式流转的，应当经发包方同意，对于发包方同意的情形并没有可实施的法律细则，何种情况发包方必须同意，何种情况发包方不得同意，均没有详细的规定，在实践中不具有可操作性。

4.4.3 农村土地承包经营权流转存在问题的原因分析

（1）法律限制过多。在我国，规范农村土地承包经营权流转的法律主要有《农村土地承包法》《土地管理法》《物权法》。《物权法》的颁布使得我国学者对“农村土地承包经营权的性质”界定的争论暂时告一段落。目前，学界普遍的观点认为我国农村土地承包经营权属于物权性质的权利。而对于农村土地承包经营权流转的规范，《农村土地承包法》《土地管理法》和《物权法》均有具体条文出现，但是三者的出发点和立法宗旨却不同。其中，《物权法》作为私法，把农村土地承包经营权完全当作一种民法意义上的私人财产权利来规范，表明农村土地承包经营权可以自由流转，对流转的限制较少。但是，对农村土地承包经营权流转规范最多的《农村土地承包法》则在肯定农村土地承包经营权可以自由流转的前提下又从流转主体、流转程序、流转方式、流转后的土地用途上做出各种限制。《土地管理法》的立法精神也基本和《农村土地承包法》相同。

（2）配套的辅助性制度不健全。虽然我国《农村土地承包法》对农村土地承包经营权流转的原则及相关基本程序进行了规范，但是，只是在《农村土地承包法》中作出一些概括性的规定，没有具体的具有可操作性的配套制度来辅助，仍然难以保障《农村土地承包法》的有效实施，更无法保证农村土地承包经营权的流转效率。其中，在农村土地承包经营权流转实践中，较为突出的就是农村土地承包经营权登记制度不健全和户籍制度的阻碍。先来谈谈农村土地承包经营权登记制度问题。《农村土地承包法》对农地承包经营权登记采自愿原则，而且并没有规定登记部门。然而，在具体实践过程中，在经济水平较高的地区，农村集体有条件进行权属登记的地方，登记制度就实施的比较到位。但是在经济水平相对落后的地区，权属登记制度实施的较差，这就导致了在农村土地承包经营权过程中由于权属不明、四至不清而引起纠纷，大大降低了流转效率。再者，我国户籍制度明确区分农业人口与非农业人口，而在《农村土地承包法》中又明确规定土地流转只能在农户之间进行，这就严重的限制了流转范围和规模。

农村社会保障制度不健全。虽然近些年农民工大量进城务工，农民的人口流动性较大，主要靠农地收入已经不是主要的生活来源，但是这些农民工由于受个人能力和受教育程度的影响，只有少部分人可以完全靠自己的能力在城市稳定生活而不再需要农地，仍然有大部分农民在城市进行长期稳定的生活而彻底抛弃自己的农村土地承包经营权，对于这部分农民来说，农地仍然是他们最后的生活保障。之所以会有这样的现实情况出现，笔者认为，主要还是因为农村的社会保障制度不健全。虽然农民可以在城市居住，但是其享受的医疗、养老等各种社会保障待遇却与真正的城市居民相差甚远，这就使得这部分农民无法长期而稳定地在城市生活而告别“农民”的身份。从这方面而言，农村土地仍然承载着生存保障功能，从而也就限制了农村土地承包经营权的流转。

4.5 完善农村土地承包经营权流转的对策

4.5.1 建立农村土地流转交易市场和农村土地流转服务体系

一方面探索建立以镇级组织为主体的村、镇、县三级土地流转服务综合服务平台，建立农村土地流转交易市场，并形成长效机制。县级建立土地流转信息库，乡镇成立土地流转服务中心，开展土地流转供求登记、信息发布、土地评估、政策咨询等服务工作，引导村级土地流转。另一方面，加快农村土地流转服务体系的建立，加快对中介组织的培养教育，建立一批服务规范的农村土地流转中介组织，支持他们从事与土地有关的信息收集、整理、推介，开展土地资产评估等，相关部门应出台农村土地流转中介组织的管理办法，加强对中介机构的规范化管理，维护公平、公开、公正的竞争机制，促进农村土地良好有序的流转。

4.5.2　放宽对农村土地承包经营权流转的限制，加强对其流转的管理

从国外先进的立法经验来看，土地承包经营权作为一种用益物权是可以设立抵押、入股的，所以我们应该允许作为用益物权属性的农村土地承包经营权进行自由流转，从而发挥土地资源配置的最大效益。一旦对农村土地承包经营权流转作出限制，则不仅妨碍了土地资源的优化配置，为发包方不正当干预提供了法律依据，为行政或者准行政手段配置土地资源留下了太多余地。为保障农村土地承包经营权人的财产权和自主生产权，法律应当允许农村土地承包经营权人拥有完整的流转权，只有这样才能真正促进农村土地市场的发展，更好地发挥土地的经济效益，更大地增加农民的收入，为城镇化发展铺路。放宽了对农村土地承包经营权流转的限制后，就应加强对其流转的管理。对农村土地承包经营权流转的管理不仅应加强对规范流转行为、流转方式的管理，也应加强对流转合同的管理。在规范流转行为、流转方式上，必须严格遵循法律和政策规定，充分保障双方当事人的平等自愿权利，禁止乡镇、村等组织代替签订农村土地承包经营权流转合同，使农民真正成为流转的主体。充分发挥政府的信息披露和公民诚信体系的作用，将权利变更的信息向社会公开，使承包经营权的变更更加透明化、具体化，保障交易的安全和社会的稳定，减少纠纷的发生。在合同管理上，应严格妥善地保管好相关合同，应不允许土地承包经营权人私自流转，必须使用同一的流转合同，在政府农村土地

相关部门登记备案，以实现政府对土地用途、土地流转的实时监管。

4.5.3 完善相关法律法规，明细农村土地承包经营权流转的相关程序

《土地承包法》规定了采取转包、出租、互换或者其他方式流转的，应当报发包方备案。备案的初衷是为了对土地用途实施监管，保护承包人的合法权益，但实践中并不具有可操作性，从国家开始实施农村土地确权办证后，备案登记制度就可以对抗第三人，可以让国家更好地掌握土地流转的动态及对土地用途实施监管。另外应完善相关法律法规，扩大农村土地承包经营权流转的方式，加大对农村土地承包经营权流转的市场监管，明细化农村土地承包经营权流转的相关程序，以便更好地维护农村土地承包经营权流转的市场秩序。农村土地流转是一个经济现象，必须符合经济规律。农村土地流转是一个特殊的市场，必须立足实际，因地制宜，准确把握农村土地经营流转市场的总体要求和基本原则，采取积极措施，进一步推进和完善农村土地承包经营权流转。

4.5.4 统筹城乡发展，建立农村社会保障制度以保流转后顾之忧

现阶段农地承担着一定的社会保障功能无疑有利于国家和社会的稳定，但农地资源承受着不该其承受的社会保障功能会使农地资源的利用率大大降低，国家应积极创造条件，大力发展社会保障事业，以逐步消除农地社会保障功能对农地制度的影响，完善农村的社会保障制度。一方面，国

家应建立以农民家庭自筹为主、国家和集体保障为辅助的包括社会救助、社会保险、社会福利三个层次的社会保障体系，解决农民的养老后顾之忧；另一方面，国家应加大户籍制度改革力度，对自愿放弃承包地并迁入城镇定居的农民，给予补偿、补助，并享受与迁入地城镇居民同等的待遇，尽快让部分在城镇务工经商多年并有稳定生活来源的农民落户城镇。另外，要积极组织劳务输出，转移农村劳动力。加强农村劳动力的技能培训，搞好劳务输出指导和服务，鼓励有技能的农村劳动力进城务工、经商，建立固定的劳务输出基地，推动农村劳动力定点转移。

第二章

都市型现代农业发展问题研究

第一节 绪论

1.1 研究的背景和意义

1.1.1 研究的背景

自20世纪90年代初期，随着经济的快速发展和城市扩张的加快，都市农业率先在我国一些沿海城市出现并逐步发展起来。都市农业反映的是城市与农业之间的相互依存关系，是城市发展到较高水平的产物，其形成和发展使传统农业在生产、布局、形态和功能等方面逐渐呈现出新的特征。在城市化的初级阶段，城市的发展需要周边地区为其提供鲜活农副产品，于是郊区的农区农业就逐渐演变成了城郊农业。城郊产业的分布大都呈“杜能圈”式分布，不同的圈层服务于城市的功能不同，但主要还是农产品的供给。虽然城市化的势头强劲，但还没有能力为农业的发展提供多方面的支持，城市与农业的交流主要体现在产品和市场两个方面，农业自身发展能力比较弱。在城市发展到一定程度后，对农业的需求更高了，不再是简单的鲜活农副产品供应，城市居民对农副产品的质量、品种和安全等方面要求也更高了。另外，对于优美的自然环境以及可以休闲娱乐、回归自然的场所需求也逐渐提高，农业直接服务的范围由原来的农村及其周边逐步扩大到城市能够影响的地区。农业为城市的发展提供绿化和生态服务，城市为农业的发展提供技术和资金支持。

进入 21 世纪后，城乡关系发生重大变化，日臻完善的城市工业体系开始反哺农业，农业的赢利能力和发展水平大幅提高。随着城市居民的需求，农业服务的范围扩展到整个都市圈。在生产经营过程中，大多采用电子、激光、现代温室和滴灌等现代科学技术，实现农业生产的全过程机械化、景观的设施化和规模化，实现了以市场为导向的现代都市农业跨越式发展。

在我国，尤其是经济比较发达的城市，都市农业发展十分迅速，日渐成为城市升级或转型中备受关注的焦点。

1.1.2 研究的意义

都市农业作为休闲农业的一种新型形式，无疑为我国农业的发展注入新的活力，对促进农业发展，农民收入增加有着重要的意义，同时，它也是城乡居民交流的一种创新方式，对加强城乡居民的了解、促进社会和谐有着积极的作用。首先，都市农业为城市居民提供了大量新鲜果蔬，帮助居民特别是低收入家庭节省实物开支，同时也为那些想吃本人亲自动手种植的蔬菜的市民提供了机会，其次，都市农业在改善土壤、改善空气质量、增加生物多样性等方面具有重要意义，提升市民的生活环境，尤其能为人口密度高而公园较少的社区提供安全、方便、有效的绿色空间，使市民从繁琐紧张的工作中解脱出来，增加幸福指数。另外，都市农业还可以促进城乡居民的交流，有利于加深城乡居民对彼此的了解，消除隔阂，有利于和谐社会的建设。最后，都市农业的生产经营能吸收农村剩余劳动力，增加农民收入，促进农村发展。

都市农业的产生，是休闲农业向更高层次发展的结果，它不仅能影响城市居民的生活方式和休闲方式，也能促进农业的发展、农民收入的提高、农村环境的改善，为城乡可持续发展提供新的模式与理念。

都市农业的出现也是城市经济、社会发展到较高阶段的产物。经济全球化的到来和城市化进程的加快对城市内部及其城郊的农业都产生了极大的影响。不仅使城市空间不断扩大，而且使城市内部及其边缘的生态环境不断恶化，城市人口急剧膨胀。久居城市的人们逐渐被“水泥丛林”包围，被“柏油沙漠”环绕，面临着环境污染、交通拥挤、生活紧张、心理压力变大等问题。为了调节人与自然的平衡，实现都市的可持续发展，在都市内部与周围必须保留足够的绿色空间。这就需要在城市进程中，充分重视农业、保护农业、发展农业，为人们提供一个放松自己的场所，而且还能控制污染、美化环境、补给城市等方面起到积极作用。

1.2　国外研究现状

日本的都市农业，指包含在都市内的农业及都市近郊的农业。日本是一个土地资源十分有限的岛国，经过 20 世纪 60 至 70 年代经济的高速增长之后，城市扩张迅猛，城市周边地区的地价不断上涨。由于土地属私有制，为保留土地以达到增值的目的，一些农户不愿过早出卖自己所拥有的土地，于是将继续耕种的土地在高楼大厦林立的城市内保留了下来。以后人们发现，在城市星星点点的耕地上生产的嫩绿的蔬菜、鲜艳的花卉，不仅为城市增添了绿色，增加了观赏的景点、而且改善了城市的生态环境，有不可忽视的存在价值。

到目前为止，日本已发展出 3 种主要的都市农业模式：① 观光型农业，即设立菜、稻、果树等田园，吸引游人参观体验，其实质是农业与旅游业的结合；③ 设施型农业，即在一定范围内运用现代科技与先进的农艺技术，建立现代化的农业设施，一年四季生产无公害农副产品；③ 特色型农业，即通过有实力的农业集团建设一些有特色的农副产品生产基地，并依托先进的科技进行深层次开发，形成在国际市场上具有竞争力的特色农业。

德国都市农业以市民公园为代表。市民公园起源于中世纪德国的 Klien Garten。那时德国人多在自家的庭院里划出一小部分作为园艺用地，享受亲手栽培作物的乐趣。而德国都市农业的真正发端一般认为始于 19 世纪。19 世纪德国政府为每户市民提供一小块荒丘，市民用作自家的“小菜园”，实现生产自给自足。19 世纪后半叶，德国正式建立了“市民农园”体制，其主旨是从建立健康的理念出发，让住在狭窄公寓里的都市居民能够得到充足的营养。近年来建立市民公园的主旨已发生很大变化，转向为市民体验农家生活的机会，使久居都市的市民享受田园之乐。市民公园的土地来源于两大部分：一部分是镇县政府提供的公有土地。每一市民农园的规模约有 2 公顷。大约 50 户市民组成一个集团，共同承租市民农园。租赁者要与政府签订 25 ~ 30 年的使用合同，自行决定如何经营，种花、植草、种菜或栽树、养花等，政府都不加干涉，但其产品却不能出售。如果承租人不想继续经营，可以中途推出或转让。

第二节 都市农业的相关基础理论

2.1 都市农业的内涵

所谓都市农业(Agriculture in City Countryside)是指处在城市化地区及其周边地区,充分利用大城市提供的科技成果及现代化设备进行生产,并紧密服务于城市的现代化农业。都市农业是一种与城市经济、文化、科学、技术密切相关的农业现象,是都市经济发展到较高水平时,农村与城市、农业与非农产业等进一步融合过程中的一种发达的现代农业。都市农业是依托大城市发展起来的,拥有先进的科学技术和现代化设施并具有先进的管理科学技术,它的区位优势、市场优势、人才优势等决定了都市农业与其他地区农业相比,更具有其得天独厚的优越条件。

2.2 都市农业的特征

都市农业是无城乡边界的农业(城乡融合性)。一般来说,为充分利用交通、信息、能源等资源,工商业都集聚在大城市,而农业则分散在广阔的农村。自古以来,城乡分界可谓泾渭分明。随着世界大城市化进程的加快,这一传统观念发生了动摇。一方面随着城市的扩展,在原先城市的同一新城区保留着不少农田。如日本大城市内的"插花型"农业。

另一方面随着大城市群的出现，相互紧密联系的城市纵横交错，因而形成了城市渗透农村、农村渗透城市，城市和农村浑然一体，产生了许多农村中的“城镇”和“工厂”，以及都市里的“村庄”和“田野”，传统的城乡布局被突破，城乡界线已日益模糊了。都市农业已成为大城市的一个有机组成部分。城市需要决定了农业发展，农业发展又促进了城市建设，二者相互依存，相互促进。都市农业的融合性，一方面体现在一产向二、三产业延伸渗透、农业、旅游两业交叉融合；另一方面体现在各种现代农业科学技术和先进设施以及先进农艺相互交接融合，且逐渐走向和谐统一。

都市农业是功能多元化的农业（功能多样性）。都市农业分布在城市化地区以及周边延伸地区，而非一般的农业地区，它是一种区域农业。都市农业的生产、流通和经营，农业形态和空间布局，都必须服从于大城市的需要，为市民的生产、生活提供服务，在服务中获得经济效益。同时由于城市及市民的需要是多方面的，这就决定了都市农业的形态、生产经营形式与功能的多样化性。都市农业不仅要充分利用大都市提供的科技成果及现代化设施进行生产，为国外市场提供名、特、优、新农副产品，而且要具有为城市居民提供优美生态环境，绿化美化市容市貌，提供旅游观光场所，进行文化传统教育等诸多方面的功能。如日本许多大都市在城市扩展过程中，把原有的城市尽量改造为“田园城市”，并把农业作为优美的环境予以保留下来，真正发挥农业的综合功能。

都市农业是高度集约化的农业（现代集约性）。与其他地区农业相比，这一区域内的农业资源条件表现为资本、设施、科技和劳力的高度密集性，同时由于都市农业与城市之间的密切关系，面对其农业环境、投放要素、产业技术特性、结构及功能有一定的要求或限制，从而使这一地区的农业同其他地区的传统农业明显不同。随着都市农业区域上经济地租的上升，在经济利益的诱导下，都市农业转向资本、科技密集和土地节约型的发展道路，农业生产方式高度企业化、规模化、科技化、设施化、市场化，并实现产加销、贸工农一体化，为大城市提供所需的鲜活农副产品。目前，国外经济发达国家的有机构成甚至高过工业。如日本的东京、大阪的农业基本实现了生产栽培园艺化、基地设施现代化、生产操作机械化。

都市农业是市场一体化的农业(高度开放性)。都市农业傍依大城市，可充分利用国际大城市发达的市场、信息和交通网络，跨越区域界限发展农产品生产和交易。尽管都市农业有较高的地域性，但农产品的生产、加工、销售则以适应大都市市场和国际市场需求为出发点，农产品在市场上实现大流通是都市农业发展的动力和生命。从某种意义上来说，都市农业是一种工业化、市场化农业。通过市场网络把千家万户的农民与市内、国内甚至世界市场紧密地联结在一起，快速有效地根据市场需求状况组织农业生产要素配置。通过市场化带动农业产业化，进而推进农业的专业化、基地化。因而都市农业是市场经济条件下的发达农业，它是以国内外市场需求为导向，在“大市场、大流通”环境下，经济、合理、有效地配置资源，充分利用都市经济、科技和服务体系，选择重点产业和主导产品，增强农业的服务和辐射能力。

2.3 都市农业的功能

2.3.1 经济功能

所谓经济功能，主要是指提供优质、卫生、无公害的鲜活产品以满足都市消费需求，具有较强的创汇增值能力，同时增加城市就业机会，优化产业结构，实现农业增产以提高农民收入。在相当一段时间，经济功能是都市农业的主体功能。经济功能主要表现在：

提供新鲜农产品。都市农业利用现代工业、科技武装，大幅度地提高农业生产力水平，为都市居民提供鲜嫩、鲜活的蔬菜、畜禽、果品及水产品，并要求达到名特优、无污染、无公害、营养价值高。

出口创汇。都市农业依托大城市对外开放和良好的口岸等优越条件，冲破地域界限，实行与国际大市场相接轨的大流通、大贸易经济格局，加快农副产品国内、国际间的流转创汇增值，提高农业附加值。

通过提供新鲜、卫生、安全的蔬菜、花卉、果品，实现农副产品出口创汇，提高农产品的经济效益，实现农业增产增值，优化产业结构，增加就业机会，提高农民收入，使都市农业通过适应现代消费来创造大城市经济的新的增长点。

2.3.2 社会功能

所谓社会功能，主要是为都市居民提供接触自然、体验农业以及观光、休闲的场所与机会，并有利于增强现代农业的文化内涵与教育功能及示范辐射作用。社会功能主要表现在以下几方面：

(1) 稳定社会。都市农业对社会稳定发展，对城乡居民就业和全面发展有着重要作用。

(2) 旅游休闲。农业观光、旅游休闲是都市农业的重要组成部分。都市农业可为市民提供休闲场所，从事观光、休闲、娱乐活动，同时为人们提供休闲活动空间，以减轻工作及生活上的压力，达到身心舒畅、强健体魄的目的。

(3) 教育文化。都市农业可以促进城乡文化交流，并直接对都市居民及青少年进行农技、农知、农情、农俗、农事教育，因而具有较强的教育功能，同时农村特有的传统文化，可因都市农业的发展而得以继续延续和发展。

(4) 示范辐射。大都市农业是一种特殊形态的现代农业，又处在科技、物资、人才密集，国际国内交往频繁的辐射功能强的大都市，因而必然具有显著的示范、展示、辐射、带动作用。

2.3.3　生态功能

所谓生态功能，主要是指发挥洁、净、美、绿的特色，营造优美宜人的生态景观，改善自然环境，维护生态平衡，提高生活环境质量，充当都市的绿化隔离带，防治城市环境污染，以保持清新、宁静的生活环境，产的利于防止城市过度扩张。生态功能主要表现在以下几方面：

(1) 净化环境。都市农业是通过在都市开辟城市森林，创立公用绿地，建设环城绿带，开设观光景点，建立起人与自然、都市与农业高度统一和谐的生态环境，为城市人创造一个优美的生存环境，提高市民生活质量。

(2) 增加绿地。都市农业通过发展景观绿地，增加绿色植被及创立市民农园、农业公园，减少(减轻)“水泥的丛林”和“柏油的沙漠”对都市人带来的烦躁与不安，真正起到“城市之肺”的作用，为市民制造氧气，还可以成为城市的“空调”，为城市降温净气。

(3) 防御灾害。都市农业在城市中预留的农田在灾害发生时可起到适当疏散空间、减少(减轻)灾害的作用。

2.4 都市农业相关基础理论

2.4.1 农业区位理论

农业区位理论是由德国农业经济学家杜能(J. H. Thünen)首先提出的，他的学说又称杜能农业区位论。他根据在德国北部麦克伦堡平原长期经营农场的经验，于1826年出版《孤立国对农业及国民经济之关系》一书，提出农业区位的理论模式。即在中心城市周围，在自然、交通、技术条件相同的情况下，不同地方对中心城市距离远近所带来的运费差，决定不同地方农产品纯收益(杜能称作“经济地租”)的大小。纯收益成为市场距离的函数。按这种方式，形成以城市为中心、由内向外呈同心圆状的6个农业地带：第一圈称自由农业地带，生产易腐的蔬菜及鲜奶等食品；第二圈为林业带，为城市提供烧柴及木料；第三至五圈都是以生产谷物为主，但集约化程度逐渐降低的农耕带；第六圈为粗放畜牧业带，最外侧为未耕的荒野。杜能学说的意义不仅在于阐明市场距离对于农业生产集约程度和土地利用类型（农业类型）的影响，更重要的是首次确立了土地利用方式（或农业类型）的区位存在着客观规律性和优势区位的相对性。如图 2－1 所示：

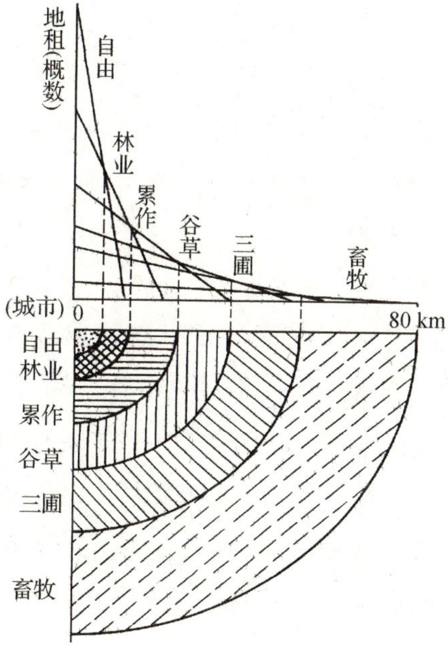

图 2－1

2.4.2　田园城市理论

针对日益严重的城市环境恶化问题，英国社会活动家埃比尼泽·霍华德（Ebenezer Howard）在 1989 年发表的《明日——条通向真正改革的和平之路》一书中提出了田园城市理论。该理论倡议建设一种兼具城市和乡村优点的田园城市，而若干个田园城市围绕中心城市，构成城市群，即社会城市。它反映了当时人们对理想城市的一种思考。

霍华德设想的田园城市是一个占地 2 400 hm^2、人口为 3.2 万人的城乡一体化的城市。城区平面呈圆形，中央是一个公园，由六条主干道路从中心向外辐射，把城区分为六个扇形地区。在其核心部位布置一些独立的公共建筑。在城市直径外的 1/3 处设一条环形的林荫大道，并以此形成补充性的城市公园，在此两侧均为居住用地。在居住建筑地区中，布置学校和教堂，在城区的最外围地区建设各类工厂、仓库和市场。当田园城市发展到一定的规模，则由若干个这样的田园城市围绕一个占地 4 860 hm^2、人口为 5.8 万人的中心城市形成社会城市。其中每个城市之间设置永久的隔离绿带，并通过放射交织的道路、环形的市际铁路、从中心城市向各田园城市放射的上面有道路的地下铁道和市际运河来相互联系。通过上述各种规划，将城市和乡村的各自特点吸取过来，取长补短，加以融合，形成一种具有新的特点的生活方式。所以说田园城市其根本的目的就是建立一个这样的"城市——乡村磁铁"。

2.4.3 需求层次理论

马斯洛理论把需求分成生理需求（Physiological Needs)、安全需求(Safety Needs)、爱和归属感(Love and Belonging)、尊重(Esteem)和自我实现(Self-Actualization)五类，依次由较低层次到较高层次排列。在自我实现需求之后，还有自我超越需求(Self-Transcendence Needs)，但通常不作为马斯洛需求层次理论中必要的层次，大多数会将自我超越合并至自我实现需求当中。如图 2－2 所示：

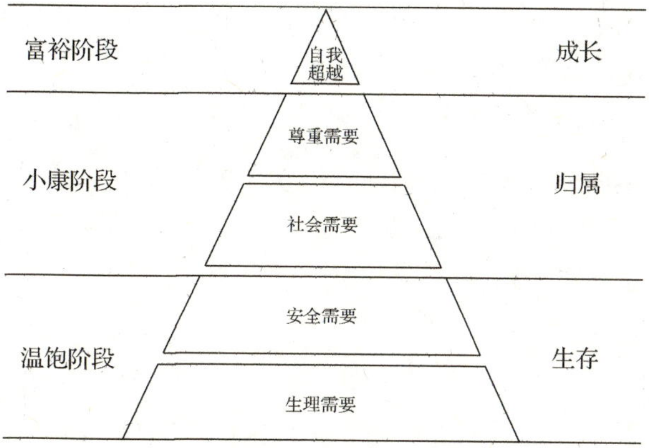

图 2－2

2.4.4　城乡一体化理论

城乡一体化理论既不是指乡村城市化，也不是指城市乡村化，而是通过一定的机制，使城乡间资源、资金、人才、科技、信息等生产要素自由流动、优化组合，不断减小城乡发展差距的过程与目标，包括城乡空间一体化、城乡经济一体化、城乡社会文化一体化和城乡生态环境一体化四方面内容，其实质是不断提高城乡相互依存度的过程。城乡一体化是城乡发展到一定程度后，城乡经济发展和社会进步的需要。

对于都市农业发展来说，主要是加强与城市的联系，根据城市需求，合理配置农业资源，推动都市农业产业化经营、规模化经营，逐渐缩小城乡间和工农间发展差距，实现城乡间、工农间的协调及融合发展，实现农业发展的经济、社会和生态效益。从本质来看，都市农业是农业在城乡一体化发展背景下的一种新型发展方式，它改变了传统农业与城市相隔离、单纯追求经济利益的状态，实现了农业和城乡发展的新局面。因此，应从城乡产业、劳动力、资金等生产要素入手，推动都市农业发展。具体包括：通过政策制定，实现农村剩余劳动力的有序流动；不断延伸都市农业产业链，培育和发展都市农业集群，促进城乡产业全面融合；依靠城市较强的经济实力投资都市农业，推动都市农业发展，提高农户收入，实现城乡经济一体化。

第三章

大连海洋渔业公共服务体系建设研究

第一节　绪论

1.1　选题背景

近年来,党中央和国务院高度重视我国海洋事业的发展,党在十六大、十七大和十八大相继提出了"实施海洋开发""发展海洋产业""优化海洋产业结构""坚持陆海统筹,制定和实施海洋发展战略,提高海洋开发、控制、综合管理能力"以及"建设海洋强国"等战略部署。我国相继制定颁布了《国家海洋事业发展规划纲要》《海水利用专项规划》《防治海洋工程建设项目污染损害海洋环境管理条例》《海岛保护法》等一系列政策、法规、规划,海洋政策法规体系逐步完善。开展了"908 专项"、海洋卫星和"蛟龙号"等具有世界领先水平的海洋科技工程和项目,海洋科技服务能力显著增强。2013 年,我国海洋经济生产总值从"十五"末期的 1.77 万亿,增长到 2013 年的 5.4 万亿,占全年国内生产总值的 9.5%,海洋经济已经成为我国国民经济的重要组成部分,对推动产业结构调整、促进国民经济健康发展产生了重要作用。

在 2012 年召开的十八大会议中,我国提出了"建设海洋强国"这一概念。在当今世界的海洋经济呈现持续快速发展的态势下,我国海洋经济的整体规模不断扩大,海洋经济发展的宏观调控和规划指导能力显著提高,海洋产业总体实力不断增强，海洋法律法规体系逐步完善，海洋事业发展的保障能力显著提升，我国完全有条件推动海洋事业发展再迈上新台阶。

1.1.1 大连市海洋事业发展潜力巨大

大连市三面环海，海域辽阔、海岸线绵长、岛屿星罗棋布、优良港址毗连，海洋生物种类繁多，是我国海洋资源最丰富的城市之一。近年来，大连市委、市政府充分利用大连市海洋资源的优势，统筹部署全市沿海经济发展战略和布局，使大连市海洋资源优势转化为海洋经济优势。目前，大连市临港、临海工业区建设初具规模，产业基地建设日益凸显海洋色彩，大型装备制造业纷纷向滨海迁移，沿黄、渤海沿岸已形成一条鲜明的“蓝色产业带”，海洋经济规模日益扩大。2013 年，大连市主要海洋产业实现总产值达到 2 652 亿元，占全市经济总量的 1/3 以上。传统优势产业实力进一步增强，海水综合利用、海水能源利用、海洋工程建筑、海洋生物医药等新兴产业也呈现出良好的发展态势。丰富的海洋资源和雄厚的海洋经济实力为大连市海洋事业发展奠定了坚实的基础。

《大连市国民经济和社会发展第十二个五年规划纲要》提出，坚持陆海统筹发展，扩展发展空间。科学规划海洋经济发展，合理利用海洋资源，推进海洋经济成为新的经济增长点。同时强调要加强海洋综合管理，统筹海洋环境保护与陆源污染防治，合理划分海线功能，控制近海资源过度开发，加强围填海管理，加强海洋生态系统保护和修复。同时也提出要树立“保护先行、科学规划、有序开发、合理利用”的海洋发展理念，以海洋资源可持续利用为前提，以提高海洋资源利用效率为核心，建设协调发展的海洋产业群，发展壮大海洋经济规模，推动海洋经济实现科学发展新跨越，努力把大连建设成为区域布局合理、产业结构优化、生态环境良好的海洋经济强市。到2015年，大连市海洋经济将达到3 000亿元规模，海洋经济增加值力争超过1 500亿元，海洋经济三次产业比例达到20∶25∶55。“十二五”必然是大连市海洋资源大开发和海洋经济大发展的时期，海洋资源大规模开发和海洋经济快速发展，必将带来巨大的海洋事业服务保障需求。

1.1.2 大连市海洋与渔业环境风险日益加大

大连市海洋经济在快速发展的同时也面临着海洋与渔业环境风险日益加大的问题。具体表现在以下五个方面：一是大连市岸线和海域开发程度较高，岸线、滩涂和浅海后备资源严重不足；二是海洋生物资源日渐衰竭，渔业资源严重退化；三是近岸海域环境质量总体上不断恶化，全市近岸海域未达到清洁海域的数量逐年增加；四是区域性、季节性海洋灾害频繁，风暴潮与台风、海水入侵、赤潮、海冰等往往造成重大的损失；五是水产品质量安全问题频发，水产品养殖病害日趋严重。日益加大的海洋环境风险对大连市海洋与渔业管理服务体系提出了严峻挑战。大连市现有的环境监测、海域动态监管、海洋灾害预报以及水产品质量安全检测、水生动物疫病监控、水产养殖病害防治等服务功能急需加强。

目前,大连市现有的海洋与渔业服务机构,普遍存在着缺乏固定工作场所、技术设备老化、人员结构不合理等问题。海洋与渔业公共管理服务硬件设施落后、服务功能不强、机构协调不足等问题越来越突出。海洋产业日益增长的服务需求与落后的服务条件之间的矛盾已经成为大连市当前海洋经济发展的主要矛盾之一。

1.2 课题来源及研究的目的意义

近年来,我国的海洋事业发展得到了党中央和国务院的高度重视。在 2012 年召开的十八大会议上有报告提出,要提高海洋资源开发能力,发展海洋经济,保护海洋生态环境,坚决维护国家海洋权益,建设海洋强国。我国未来将大力发展海洋经济、完善海洋事业服务保障体系、提高海洋科技创新能力、维护国家海洋权益,实现我国从海洋大国向海洋强国的战略转变。

在国家大力发展海洋经济的背景下,政府提出了一系列海洋经济发展任务、目标和举措,赋予了地方海洋与渔业局渔业安全、渔民培训一系列新的管理服务职能。但大连市海洋与渔业综合服务办公场所缺失、硬件设施陈旧,无法行使相关职能、提供相关服务,这种状况与大连市海洋大市的地位和海洋强市的发展定位极不相符,严重阻碍了大连市海洋与渔业局管理服务功能的发挥和大连市海洋经济发展。大连市海洋与渔业公共服务平台的建设将以创新体制机制为保障,形成技术集成、资源共享、信息综合、管理创新等多方面的优势，对大连市海洋产业发展和海洋资源可续开发利用起到示范引领、信息发布和功能辐射的作用，对提升大连市海洋与渔业科技、信息、监测服务总体水平，加快大连市海洋产业发展具有重要的理论意义和现实意义。

海洋与渔业发展是我国海洋经济发展的重要组成部分，有必要把海洋与渔业发展同公共服务体系建设结合起来，推动大连市海洋与渔业事业的加速发展。研究旨在将公共服务体系建设应用到大连市海洋与渔业事业的发展中，以系统综合研究的基本思路为指导，通过定性和定量相结合的研究方法、规划设计的手法，建立一个布局合理、功能齐全、开放高效的，国际先进、国内一流的大连市海洋与渔业公共服务保障平台，为大连市海洋事业发展提供必要的技术服务支撑。

建立大连市海洋与渔业公共服务平台具有以下几点意义：

(1) 符合国家大力发展海洋事业的要求。《中华人民共和国国民经济和社会发展第十二个五年规划纲要》明确指出“推进海洋经济发展”“加强统筹协调，完善海洋管理体制”“统筹海洋环境保护与陆源污染防治，加强海洋生态系统保护和修复”。大连市海洋与渔业公共服务平台建设将系统地整合大连市海洋与渔业公共服务资源，全面统筹协调大连市海洋环境监测、海域动态监管、海洋灾害预报、水产品质量安全检测、水生动物疫病监控、水产养殖病害防治等海洋与渔业管理服务功能，提升海洋与渔业综合服务能力，创新海洋管理服务体制机制，强化海洋环境保护与陆源污染防治，加速海洋生态系统保护和修复，推进大连市海洋经济健康、有序、快速发展。

(2) 对辽宁沿海经济带和海洋产业发展具有积极意义。辽宁沿海经济带是东北老工业基地振兴和我国面向东北亚开放合作的重要区域，在促进全国区域协调发展和推动形成互利共赢的开放格局中具有重要战略意义。《辽宁沿海经济带发展规划》将“船舶与船舶配套”“水产品健康养殖工程”“现代农业公共服务体系建设工程”等众多海洋产业列入辽宁沿海经济带重点工程，海洋产业已经成为辽宁沿海经济带发展的支柱性产业之一。大连市海洋与渔业公共服务平台的建设将以海洋与渔业公共服务资源整合为基础、以硬件设施建设为载体、以软件信息服务升级为手段、以创新体制机制为保障，形成技术集成、资源共享、信息综合、管理创新等多方面的优势，构筑辽宁沿海经济带海洋与渔业综合服务高地，对辽宁沿海经济带海洋产业发展和海洋资源可续开发利用起到示范引领、信息发布和功能辐射的作用，对提升辽宁沿海经济带的海洋与渔业科技、信息、监测服务总体水平，加快辽宁沿海经济带的海洋产业发展具有积极意义。

(3) 是大连市“品质立市”“科技兴海”的客观需要。大连市第十一次党代会提出“实施品质立市战略，建设发展更有质量、文化更具品位、城市更富魅力的文明大连”，并将“品质立市”作为新时期大连城市发展的重大战略写入党代会报告。实施“品质立市”战略，即通过以质取胜、追求卓越，把规模优势、环境优势转化为品质优势。大连是我国海洋资源最丰富的城市之一，但海洋产业规模优势明显，品质优势却略显不足。实现大连市海洋产业的转型发展，就要着力提升大连市海洋管理水平，强化海洋服务功能，加强海洋科技支撑，走科技兴海之路。大连市海洋与渔业公共服务平台的建设将通过高标准建设硬件设施、系统性整合软件信息服务平台、高效化再造服务流程、国际化构建人力资源体系，提高大连市海洋与渔业综合服务支撑水平，增加大连市海洋产业科技含量，提升海洋产业发展品质。大连市海洋与渔业公共服务平台的建立是大连市海洋产业实施品质立市战略，实现生态海洋、安全海洋、数字海洋、和谐海洋、高效海洋发展目标，是推进大连市海洋资源可持续利用的客观需要。

（4）是加快大连市都市型现代渔业发展的重要举措。为适应全域城市化背景下大连市农业发展的需求，2010 年，大连市正式将都市型现代农业定位为大连市农业的发展方向，大连市海洋渔业进入都市型现代渔业发展阶段。都市型现代渔业是以现代工业进行装备、以现代科技进行改造、以现代管理机制进行经营管理、以社会化服务体系进行服务，高度商业化、产业化，依托于都市、服务于都市的地处都市及其周边地区的现代综合渔业。都市型现代渔业的发展需要渔业科技作为强力支撑，需要渔业信息实时传递和多学科、多参数、大批量的海洋环境综合监测。大连市海洋与渔业公共服务平台的建设以满足都市型现代渔业综合服务需求为目标，为大连市都市型现代渔业发展提供专业化、系统化、社会化的海洋渔业科技服务和全面、及时、准确的海洋环境综合检测服务以及科学高效的海洋灾害预报指挥服务，是加快大连市都市型现代渔业发展的重要举措。

(5)是提高大连市海洋与渔业综合服务能力的客观要求。长期以来,大连市海洋与渔业科技、信息、监测等服务部门相互独立、各自为政,互相之间缺乏必要的内在联系,海洋与渔业服务资源难以形成合力,抑制了海洋与渔业综合服务能力的发挥。大连市海洋与渔业公共服务平台的建设将大连海洋与渔业服务机构高度集中,通过体制机制创新系统整合各部门职能,形成技术资源互补、信息资源共享的运行模式和“一站式”“一条龙”的服务模式,将大连市海洋与渔业综合服务资源形成合力,使大连市海洋与渔业综合服务水平迈上新台阶。

综上所述,大连市海洋与渔业公共服务平台的建设宏观上符合国家大力发展海洋经济的要求,对辽宁沿海经济海岸带海洋产业发展具有积极意义,对于大连市的海洋事业发展也有着不可或缺的作用。

1.3 国内外研究现状

1.3.1 国外研究现状

公共服务体系建设是一个世界性的课题,是有效发挥政府作用、加强公共服务职能的核心问题。在国外,尤其是发达国家普遍比较重视公共服务体系建设,逐步形成了具有本国特色的公共服务体系。从国外公共服务的发展进程来看,西方国家的公共服务体系建设,大体经历了三个阶段:

一是在市场经济发展早期,政府提供的有限的公共服务时期。在19世纪初期,西方资本主义国家逐步开始将经济发展放在首位，而政府则退居社会之后。在这个时期，西方资本主义国家基本上没有现代意义的公共服务。到了19世纪后半期，随着资本主义国家经济的快速发展，工人阶级对资产阶级的剥削逐渐产生了不满，为了自身的生存权利而开始了抗争。资产阶级为了缓和同工人阶级之间的矛盾，保证自身利益，一些国家开始被动的调整和改善工人阶级的生活法规，制定了劳动保险法、救济法等一系列法规，并开始关注和兴办公共福利事业，工人阶级的权益也得到了初步的保障。

二是公共服务体系的发展和健全时期。这一时期主要发生在20世纪20年代末和30年代初的资本主义世界的经济大危机中，由于资本主义国家盲目地推进社会化大生产，导致社会经济和公共服务的发展产生缝隙，严重阻碍了西方资本主义国家的经济发展进程。在此背景下，西方各个国家开始意识到公共服务体系建设的重要性。第二次世界大战后，部分西方国家在经济恢复和发展的基础上，开始着力建设和推动公共服务体系的建设工作，并逐步面向和扩展到全体社会成员。在此期间，保罗·萨缪尔森（Paul A. Samuelson，1915—2009）和詹姆斯·布坎南（James McGill Buchanan Jr.，1919—2013）两位美国著名的经济学家，也为西方各国的公共服务体系建设也提供了经济理论基础。到了20世纪60年代，西方资本主义国家基本建立起了较为健全的公共服务体系。

三是公共服务体系的变革时期。从20世纪70年代开始，西方国家的经济开始陷入了严重的“滞胀”危机，社会经济增长缓慢甚至产生停滞，引起大量工人失业，失业率居高不下；另外，通货膨胀的加剧和市场物价的持续上涨，也给政府的财政施加了巨大压力，公共服务体系的发展也面临着危机。有鉴于此，西方国家的政府纷纷开始采取补救措施，不断的推进公共服务的市场化与社会化，人力资源成本的投入也逐步加大，促进工人的再就业和社会福利制度的改革，开始完善公共服务体系。

在随后进入的 20 世纪 90 年代时期，美国著名公共管理学家罗伯特·B·登哈特（Robert B. Denhardt）提出的“新公共服务理论”使西方资本主义国家对公共服务这一概念有了新的认识和理解。登哈特通过研究和分析认为，公共管理者在其管理公共组织和执行公共政策时应该集中于承担为公民服务和向公民放权的职责，他们的工作重点既不应该是为政府航船掌舵，也不应该是为其划桨，而应该是建立一些明显具有完善整合力和回应力的公共机构。

在各个国家建立和发展各自的公共服务体系的进程中，由于基本国情、经济体制模式和历史传统的差异，各个国家的公共服务体系在政策取向、制度设计、具体标准及实施办法等方面既有共性特征，也有个性差异，形成了具有不同特点的公共服务体系。

1.3.2 国内研究现状

同西方资本主义国家的公共服务体系发展过程相比，我国的公共服务体系建设起步较晚，主要是改革开放以后随着我国市场经济的快速发展，公共服务体系建设的必要性也逐渐显现出来，这与西方资本主义国家的公共服务体系建设历程是相似的。

从党的十一届三中全会召开以来，我国公共服务供给体制主要经历了两个阶段，分别是行政性管制阶段和市场化管制阶段。在行政性管制阶段，也就是我国正处于计划经济大发展的时期，我国的各个公共事业部门（如教育、医疗、文化等）的财政支出都由国家统一管理和定价，政府对于公共管理的职能趋于垄断形势。自 20 世纪 90 年代以来，我国公共服务的供给体制从行政性管制逐渐转变为市场化管制。为了减少政府的财政支出，政府开始从水力、电力、交通等基础建设部门和文化、科技、教育、卫生等公共服务部门展开了不同形式的公共服务供给体制改革。

在 1978 年恢复了高考制度之后，我国在教育、文化、卫生等各个民生方面进行了全面改革。这一时期，为了满足社会和经济发展进入正轨之后公民对公共服务的需要，政府快速恢复了之前建立的公共服务管理系统，填补了“文化大革命”时期我国各个领域的公共服务空缺和薄弱项目，并给予个人或社会一定的发展空间，以维持市场和社会的正常运转。进入 80 年代后，我国的改革开放取得了巨大成效，公共事业在各个领域的初步探索和试点取得成功的基础上，进一步推动了我国公共服务体系的建设。这一时期我国将公共服务的建设改革着力点放在了组织体制、管理模式和运营机制上，加强了公共服务的体制创新和服务模式。

20 世纪 90 年代，为了满足市场经济“又好又快”的发展和人民日益增长的生活需求，国家通过权力下放和放松管制两个主要手段，开始尝试建立新型的行政管理体系，通过对过去经验的研究和总结，逐步提高公共服务部门的管理效能和建立专门的监管机构，加强对“公共服务”的管制。

进入21世纪以来，公共服务不仅成为国家建设和经济发展的重点，也受到了国内学者的广泛关注。在借鉴和汲取国外公共服务体系建设的经验教训之后，我国学者们也通过结合我国经济建设发展的实际情况，从不同角度对公共服务这一概念进行了研究。

孟春、陈昌盛、王婉飞①提出了公共服务的基本分析框架，并分为四个层次进行考查：一是公共服务的概念及其范围；二是如何提供公共服务、如何融资和公共服务的生产与定价问题；三是通过建立一个有效率和公平的机制来保证公共服务；四是为了保证公共服务的稳定性、有效性和可持续性，要强调制度的建设和建立激励机制。

马庆钰②对公共服务进行了全新的解读，认为“公共服务主要是指由公法授权的政府和非政府公共组织以及有关工商企业在纯粹公共物品、混合性公共物品以及特殊私人物品的生产和供给中所承担的责任”，并对公共服务的创新和公共服务的范围进行了界定和阐述，表述了政府的主导地位和政府同公共服务之间密不可分的联系。

---

① 孟春，陈昌盛，王婉飞．在结构性改革中优化公共服务[J]．国家行政学院学报，2004(4).

② 马庆钰．公共服务的几个基本理论问题[J]．中国中央党校，2015(1).

张桢和刘荣愫[①]提出，政府要加强与“市民社会”的竞争与合作，使政府的单个中心治理模式转变为政府、社会、市场的多个中心互动治理模式。

迟福林[②]对我国目前如何加快建立社会主义公共服务体制进行了研究和思考，并从“公共需求的快速增长与公共服务不到位的社会矛盾”“改革开放以来经济发展中的社会公共产品短缺的问题”“把农村作为社会主义公共服务体制建设的突破口”和“重点推进政府转型”四大方面阐述和分析了当前我国建立社会主义公共服务体制的现实性和迫切性。

迟福林[③]提出要强化政府公共服务职责，就要加快建设公共服务型政府，有效地发挥政府在基本公共服务中的主体地位和主导作用；概括了当前我国基本公共服务均等化的主要内容；从法律角度对如何加快推进基本公共服务均等化提出了意见和建议。

朱光磊[④]在《城市公共服务体系建设纲要——给市长们的建议》一书中对我国城市公共服务体系的整体架构和各个组成部分进行了详细论述，并提出了“核心公共服务—基本公共服务—支持性公共服务”这一逻辑顺序。书中认为，要想成功建立我国城市公共服务体系，需要做到以下几点：第

① 张桢，刘荣愫. 公共服务领域中的竞争与合作[J]. 华东经济管理，2015(10).

② 迟福林. 以基本公共服务均等化为重点的中央地方关系[J]. 中国经济时报，2016(12).

③ 迟福林，等. 加快推进基本公共服务均等化[J]. 新世纪周刊，2007(28).

④ 朱光磊. 城市公共服务体系建设纲要——给市长们的建议[M]. 北京：中国经济出版社，2010.

一，要着重建立“核心公共服务体系”，即基本教育、医药卫生和基本社会保障三大方面。第二，逐步建立“基本公共服务体系”，即城市基础设施、就业保障服务、住房保障服务、公共文化服务、城市科技公共服务和公共信息服务等基本公共服务。第三，扩展建立“支持性公共服务”，即除了核心公共服务和基本公共服务所包含的领域以外的其他公共服务领域，如环境保护和科技体育等等。通过这一公共服务体系建设的逻辑，我国将建立起一个惠及全民的、具有我国特色的社会公共服务体系。

从上述专家对公共服务体系研究的情况看来，大部分专家都强调了政府在公共服务体系建设中的不可或缺的作用，对公共服务体系建设的研究也越来越趋于完善。

总体看来，西方国家的公共服务体系发展也经历了不断探索和完善的过程，政府的提供模式从单一性转变为多元化，关注角度从公共管理转变到公共服务。在公共服务体系建设的发展进程中，不论是发达国家抑或发展中国家，不论是西方资本主义国家还是我国这样的社会主义国家，他们都在考量和分析自己国家的国情下发展建设出了既有特色又有差异的公共服务体系，其中的成功经验和失败教训也为我国的公共服务体系建设提供了借鉴和启示。

第二节　相关基础理论

2.1　基本概念

2.1.1　基本公共服务的概念

目前，全世界对于公共服务这一概念还没有一个明确的、统一的界定。由于各个国家的国情和经济发展模式都不尽相同，因此对于公共服务的理解和界定也有所区别。

2012年，我国发布了《国家基本公共服务体系“十二五”规划》，文中根据我国国情首次界定了基本公共服务的基本概念，其中还包括了对基本公共服务均等化、基本公共服务范围、基本公共服务标准和基本公共服务体系等概念的阐述和界定。

所谓基本公共服务是指建立在一定社会共识的基础上，由政府主导提供的，与经济社会发展水平和阶段相适应，旨在保障全体公民生存和发展基本需求的公共服务。享有基本公共服务属于公民的权利，提供基本公共服务是政府的职责。

公共服务的范围要比基本公共服务的范围广泛很多，但它们在本质上是相似的，最终的目的都是为人民提供公正平等、高效便捷的服务。公共服务的基本特征通常包括以下三点：一是普惠性，这是每个国家在建设公共服务体系时的基本原则之一，它要求政府所提供的公共服务要开放给国家的每一个公民，而不是只给某一些人或某一个组织，这使得每个公民都能够享受到政府所提供的公共服务；二是公平性，公共服务的提供要建立在社会公正和平等的基础上，目的是让所有公民都享有平等互惠的公共服务；三是动态性，公共服务的发展是伴随着社会经济的发展水平而变化的，因此公共服务的发展也将呈现不断扩展和提高的趋势。

2.1.2 海洋与渔业公共服务的概念

本文主要需要研究的是海洋与渔业公共服务这一概念，它与公共服务的概念有着密不可分的联系。由于公共服务所包含的范围非常广泛，因此海洋与渔业公共服务可以说就是公共服务体系下的一个分支，各个国家也都在不断的努力完善其国家内部各个领域的公共服务建设。

但目前，学术界对海洋与渔业公共服务这一概念还没有一个明确的界定，从公共服务的概念衍伸来说，海洋与渔业公共服务主要是为了满足公民对海洋与渔业发展方面的需求，使政府从以往“领导者”“管制者”的角色转变为“服务者”的角色，为公民提供同海洋与渔业相关的实时信息、政策法规、硬件设施、科技人才、科技创新等一系列服务。其最终目的是为了更好地将海洋与渔业服务提供给公民，从而合理开发和利用海洋资源，保护海洋生态平衡，把被动服务变为主动服务。

从公共服务衍伸到海洋与渔业公共服务，其内容主要涉及以下几个方面：一是工作方式和方法的革新。目前海洋与渔业的公共服务模式还局限于传统的公共服务模式，政府还没有完全的把“服务”二字贯彻到底，因此在工作方式和方法上趋于守旧。二是组织结构的调整和优化。海洋与渔业的发展包含各个方面，所涉及的职能机构较多，且这些机构普遍存在位置分散和缺乏内部联系等问题，因此需要对海洋与渔业相关的行政部门、技术部门和检测部门等进行整合和规划。三是管理理念和运行制度的改良。当前海洋与渔业部门中普遍存在人员老龄化的问题，这使得海洋与渔业在创新管理理念方面有所落后，对于发展海洋与渔业的运行制度也缺乏新的理解，这就需要为海洋与渔业的发展注入新鲜血液，聘请高技术人才和管理人才，将海洋与渔业构建成服务型政府模式，使海洋与渔业公共服务面向全社会。

2.2 理论依据

2.2.1 新公共管理理论

新公共管理是 20 世纪 80 年代以来兴盛于英、美等西方国家的一种新的公共行政理论和管理模式，也是近年来西方规模空前的行政改革的主体指导思想之一。它以现代经济学为理论基础，主张在政府等公共部门广泛采用私营部门成功的管理方法和竞争机制，重视公共服务的产出，强调文官对社会公众的响应力和政治敏感性，倡导在人员录用、任期、工资及其他人事行政环节上实行更加灵活、富有成效的管理。新公共管理理论的诞生从根源上来讲是源自于西方国家经济社会发展的需要，即政府与市场何者在经济社会发展中起主导作用的调整、导致市场化理念在政府管理当中运用的结果。

西方资本主义国家的新公共管理理论的兴起和实践来自于传统公共行政理论。20世纪中叶，西方资本主义国家在约翰.凯恩斯(John Maynard Keynes，1883—1946)主义经济学的影响下开始实行“福利国家”制度，希望通过政府的力量来填补市场的不足。但是这种制度并没有达到预期的效果，由于经济滞涨和政府效率低下的公共服务水平等原因的影响，使得人们对“福利国家”这一制度的实行产生了怀疑和不满，人们开始主张以市场自由和选择自由等相关理念来重塑国家和社会。

新公共管理是一种全新的管理模式，它与威尔逊、古德诺的政治与行政二分理论和韦伯的官僚制理论有着很大的区别，传统的公共行政就是建立在这两种理论基础之上的。尽管在资本主义国家发展初期这两种理论起到了重大的作用，但随着后工业社会的兴起，这两种理论的弊端逐渐显露出来，主要表现在政府部门办事效率低下、公共服务缺乏创新和行政人员墨守成规等方面。在这种背景下，以现代经济学和私营企业管理理论和方法作为理论基础的新公共管理应运而生，这种管理模式的理论基础同以往的传统公共行政的理论基础有着很大的区别，它是建立在现代经济学的基础上，以公共选择和交易成本理论、私营管理方法等多种理论和方法为指导的新的管理理念和管理模式。

2.2.2 新公共服务理论

新公共服务，指的是关于公共行政在以公民为中心的治理系统中所扮演的角色的一套理念。其基本理论内涵有服务于公民、追求公共利益、重视公民权、重视人的价值等四个方面。新公共服务理论认为，公共管理者在其管理公共组织和执行公共政策时应该集中于承担为公民服务和向公民放权的职责，他们的工作重点既不应该是为政府航船掌舵，也不应该是为其划桨，而应该是建立一些明显具有完善整合力和回应力的公共机构。

新公共服务理论是以美国著名公共管理学家罗伯特·登哈特为代表的一批公共管理学者基于对新公共管理理论的反思，特别是针对作为新公共管理理论之精髓的“企业家政府”理论缺陷的批判而建立的一种新的公共管理理论。

第三节 大连市海洋与渔业公共服务的现状与问题

3.1 大连市海洋与渔业公共服务的现状

海洋与渔业主要包括海域管理、海洋环保、海洋监察、渔业发展、渔业执法和质量监管等多个方面，大连市海洋与渔业公共服务平台也将围绕着这些方面进行建设。大连市海洋与渔业公共服务平台建设是将公共服务体系的概念融入到大连市海洋与渔业发展中，是建立在大连市海洋与渔业快速发展的基础上，为满足大连市海洋经济的发展需求和解决大连市海洋经济在发展过程中出现的一系列问题而提出的。大连海洋与渔业公共服务平台建设的研究与大连市的海洋经济发展有着不可分割的联系。因此，研究和分析大连市海洋经济的发展现状，是体现大连市海洋与渔业公共服务平台建设必要性的重要条件之一。

海洋与渔业的发展，一直是大连市农业产业发展的一个重要经济组成部分，也是大连市独具一格的优势产业。在过去的 20 世纪里，由于海洋与渔业产业结构合理调整、各项海洋与渔业技术的大力开发、改革开放等因素共同作用，大连市海洋与渔业产业得到快速发展。但是进入 21 世纪之后，大连市海洋与渔业的发展开始受到环境和资源的限制，海洋环境的污染、资源的匮乏，渔业产业的生产结构不够合理，政府的资金投入不够及管理缺陷，导致大连市海洋与渔业的可持续发展受到严重制约。因此，为适应城市化背景下的大连市农业发展需要，大连市在2010年正式将都市型现代农业定位为大连市农业发展方向，政府也加快了由传统海洋渔业向都市型现代海洋渔业转变前进的步伐，努力提升海洋与渔业产业发展的质量和水平，提高渔业安全保障能力，确保水产品安全供给、渔民持续增收和渔业资源可持续利用，促进大连市的海洋与渔业产业又好又快发展，实现经济、生态和社会效益和谐共赢，为大连市海洋与渔业公共服务平台的建设打下了良好的基础。

根据海洋与渔业所包含的主要内容，从大连市海洋产业、海洋渔业和海洋经济三个方面研究和分析大连市海洋与渔业发展的现状，从而可以总结出大连市海洋与渔业公共服务体系的现状。

3.1.1　大连市海洋产业发展现状

海洋产业是指开发利用和保护海洋资源而形成的各种物质生产和非物质生产部门的总和，即人类利用海洋资源和海洋空间所进行的各类生产和服务活动，或人类在海洋及以海洋资源为对象的社会生产、交换、分配和消费的活动。海洋产业结构是指各海洋产业部门之间的比例构成以及它们之间相互依存、相互制约的关系。海洋产业结构是海洋经济的基础，它反映了海洋资源开发中各产业构成的比例关系。

大连市海洋产业的发展主要体现在港口及海洋交通运输业、海洋渔业、滨海旅游业、海洋船舶制造业、海盐及盐化工和海水利用几大方面：

1. 港口及海洋交通运输业

随着大连市近年来海洋经济的快速发展，辽宁省已经形成了以大连港为主要枢纽，以营口港为主要港口，丹东、锦州两个地区性重要港口为两翼，盘锦港、葫芦岛港等一般港口为补充的分层次发展格局。大连市凭借着良好的区位和口岸交通运输优势使大连港口及海洋交通运输业保持着良好的发展势头。

从表 3-1 可以看出，在 2005—2011 年期间，大连市港口货物吞吐量和集装箱吞吐量的年均增长率分别为 12.5%和 16.3%。截至 2011 年，我市全年完成港口货物吞吐量 33691 万 t，同比增长 7.3%，集装箱吞吐量 640 万标准箱，同比增长 21.6%。

表 3-1 2005—2011 年大连港口及海洋运输业情况统计

年份	港口货物吞吐量/万 t	比上年增长率/%	集装箱吞吐量/万 TEU	比上年增长率/%
2005	17 085	17.7	269	21.7
2006	20 046	17.3	321	19.3
2007	22 286	11.2	381	18.7
2008	24 588	10.3	453	18.9
2009	27 203	10.6	458	1.1
2010	31 399	13.3	526	12.9
2011	33 691	7.3	640	21.6

2. 滨海旅游业

被誉为“北方明珠”的大连，凭借着优美的黄金海岸和浪漫之都的城市形象，已经成为国内外人士旅游、度假和观光的首选之地。大连市旅游业总收入占大连市 GDP 的比重从 2005 年的 9.8%攀升到 2011 年的 10.5%，俨然成为大连市国民经济发展的主导产业。从表 3-2 可以看出，6 年来，大连市旅游业的发展极为迅速，旅游业总收入从 2005 年的 210.9 亿元增加到 2011 年的 650.2 亿元，年均增长率为 17.1%，旅游创汇从 2005 年的 4.00 亿美元增加到 2011 年的 8.05 亿美元，年均增长率为 10.7%。

表 3-2　2005—2011 年大连市旅游收入与游客情况统计

年份	旅游总收入/亿元	旅游创汇/亿美元	国内游客/万人次	海外游客/万人次
2005	210.9	4.00	1 900	60.0
2006	260.0	4.65	2 150	70.0
2007	325.0	5.80	2 480	84.0
2008	400.8	6.58	3 000	95.0
2009	480.0	7.27	3 412	105.0
2010	550.1	8.03	3 777	116.6
2011	650.2	8.05	4 260	117.0

3. 海洋船舶制造业

21 世纪以来，大连市船舶制造业的工业总产值逐年稳步提高，造船能力和产量在全国也处于领先水平，目前，大连市已有规模以上造船、修船企业 28 家，船舶研发中心和设计公司 20 家，船用配套企业，150 余家，成规模的游艇制造企业，10 家，基本形成了多种所有制成分的船舶产业集聚群，成为大连市工业经济持续发展的支柱产业之一。2011 年大连船舶制造业在辽宁省船舶制造业中脱颖而出，完成了产值 235 亿元，比 2010 年增长了 21.5%。

4. 海盐及盐化工和海水利用

近年来，大连市海盐业的市场和政策发展环境前景良好。一方面，大连市海盐的销售价格正在逐步回升。另一方面，国家从 2009 年 1 月起将盐业的资源税由 17%调减到 12%，增值税由 17%调减到 13%，使得盐业生产的经济效益有所提高。但由于各地区土地规划的调整，部分盐田的用途发生了改变，盐田的面积正在日益萎缩，盐业产量近年来也有所下降。

大连市把海水直接利用和海水淡化作为城市供水的重要补充，以解决工业用水和海岛等边远地区居民生活用水为重点，大力发展海水利用，海水直接利用总量继续处于全国领先水平。全市直接利用海水的企业已有 20 余家，主要涉及石油、化工、冶金、造船、建材、水产和电力等行业。

3.1.2 大连市海洋渔业发展现状

大连作为我国北方重要的渔业生产基地，在辽宁省的海洋渔业经济发展中具有举足轻重的作用。而在大连市诸多的海洋产业中，海洋渔业也是独具特色的优势产业。截至 2013 年上半年，大连全市完成水产品产量 122.7 万吨，同比增长 6.6%；实现渔业产值 191.7 亿元，同比增长 13.9%，渔业社会总产值 361.2 亿元，同比增长 12.4%，渔业经济继续保持平稳较快的增长态势。

大连海洋渔业产业主要分为海洋捕捞业和海水养殖业两大类，且集中在大连市长海县一带。目前，大连市渔业生产捕捞作业结构调整后，海洋捕捞量持续增长，通过异地转港生产和发展远洋生产，带动海洋捕捞生产较好的增长。2012 年，大连市按照现代水产养殖业发展的总体要求，积极加大工作力度，强化组织管理保障，全市实现海水养殖业产量 141.56 万吨（见表 3－3），实现产值 237.15 亿元，分别同比增长 6.3%和 15.5%；海水苗种产值 46.7 亿元，同比增长 16.8%。

表 3－3　2009—2012 年大连市海洋捕捞和海水养殖量情况统计

项目	年份			
	2009	2010	2011	2012
大连市海洋捕捞量/万吨	58	57	60	62.5
大连市水产养殖量/万吨	113.66	125.79	132.07	141.56

从图 3－1 可以看出，海洋渔业经济总产值和渔业产值在大连市海洋经济总产值中的比重呈现下降趋势。这说明大连市的海洋产业结构正在发生明显的变化，传统海洋产业在海洋产业中的地位正在逐年下降。

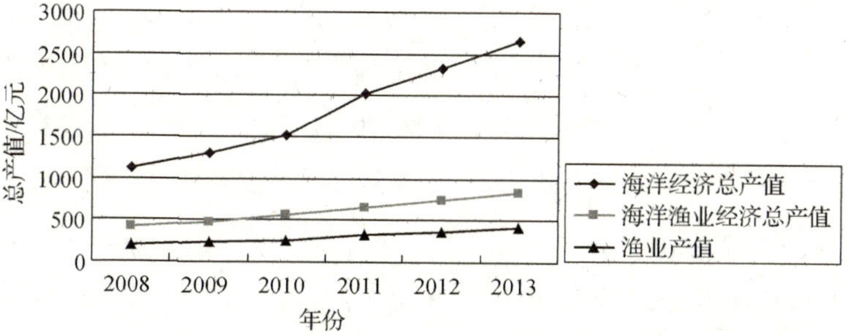

图 3－1　2008—2013 年大连海洋经济总产值和海洋渔业总产值变化曲线

3.1.3 大连市海洋经济发展现状

近年来，大连市海洋经济的发展继续保持快速增长的趋势。在2010年到2013年间，大连市海洋经济总产值占全市GDP的比重从29.4%提高到33.9%(见表3-4)，在辽宁省占有举足轻重的地位。同时，大连市海洋产业总产值的年增长率也呈现平稳增长的趋势，基本上接近同期大连市GDP的增长率，这表明海洋产业的发展对大连市经济增长的贡献逐步提高，海洋经济进入持续增长期。因此，海洋产业的大力发展对大连市的经济和社会发展具有十分重要的推动作用。

表3-4 2010—2013年大连市海洋经济地位及其增长速度

项目	年份			
	2010	2011	2012	2013
大连市海洋经济总产值/亿元	1 515	2 033	2 339	2 652
大连市GDP地区生产总值/亿元	5 158	6 150	7 002	7 820
海洋产值占大连市GDP比重/%	29.4	33.1	33.4	33.9
大连市GDP年增长率/%	15.2	16.1	12.2	10.5
大连市海洋产值年增长率/%	17	34	15	13.4

截至2013年，大连市紧紧抓住国家实施“海洋强国”的战略机遇，认真实施海洋与渔业“十大工程”，全面完成了年度各项任务目标。全年实现海洋经济总产值2 652亿元、海洋经济增加值1 157.5亿元，分别比上年增长13.4%和14.03%；实现渔业产值415.5亿元、渔业经济总产值837.7亿元，分别增长13%和12.7%；完成水产品出口额19.7亿美元，增长4.6%；渔民人均收入2.4万元，增长14.3%。进一

步发挥了海洋与渔业工作在发展区域经济、保障民生需求、建设和谐社会、促进生态文明等方面的重要作用。

在未来的大连市海洋与渔业发展进程中，大连市将“以党的十八大、十八届三中全会精神为指导，以深化改革为动力，以转变发展方式为主线，以建设海洋与渔业强市为目标，以科学管控海洋资源、服务沿海经济发展、调整产业结构、加快发展现代渔业、促进海洋生态文明建设、创建平安渔业为主要任务，改革创新，锐意进取，统筹兼顾，稳中求进，确保海洋与渔业持续健康发展”。同时，重点做好全面深化海洋与渔业领域改革、全力服务沿海经济发展、扎实搞好海洋环境保护和生态修复、稳步推进渔业转型升级、不断强化渔业安全监管、切实加强自身建设等六项工作，要求全市海洋与渔业系统要以更加饱满的精神状态、创新的思维方式、务实的工作作风，改革创新，锐意进取，认真落实好事关全市海洋与渔业事业科学发展的各项工作任务。要增强危机意识，做强海洋与渔业产业；要加强渔业的安全生产和海洋生态保护。

3.2　大连市海洋与渔业公共服务存在的问题

近年来，国家大力发展海洋经济，提出了一系列的海洋经济发展任务、目标和举措，赋予了地方海洋与渔业局渔业安全、渔民培训、滩涂研究、灾害指挥等一系列新的管理服务职能。但大连市海洋与渔业综合服务办公场所缺失、硬件设施陈旧，无法行使相关职能、提供相关服务，这种状况与大连市海洋大市地位和海洋强市的发展定位极不相符，严重阻碍了大连市海洋与渔业局管理服务功能的发挥和大连市海洋经济发展，海洋产业日益增长的服务需求与落后的服务条件之间的矛盾已经成为大连市当前海洋经济发展的主要矛盾之一。目前，大连市现有的海洋与渔业公共服务机构配置和管理方面普遍存在着以下几点问题。

3.2.1 缺乏固定工作场所

通过调查得知，大连市海洋与渔业局（大连市中山区吉庆街 100 号）、大连市渔政监督管理局（中国海监大连市支队）（大连市西岗区联合路 126 号）、大连市渔港监督局、大连市渔船检验局（大连市中山区虎滩新区虎滩路 8 号）、大连市水产技术推广总站（大连市沙河口区中山路 678 号）和大连市水产研究所（大连市西岗区滨海西路 80 号），这些大连市海洋与渔业相关的职能机构分散在大连市内各个地区，导致公民在办理相关事宜时几乎需要跑遍整个大连市，大大降低了政府的服务质量和公民的办事效率。另外，由于各个单位及部门过于分散，以致各相关机构之间的资源、技术、配合、信息等方面的协调性和合作性严重不足，部门与部门之间的协作与配合都有所缺失。

3.2.2 硬件设施落后及技术设备老化

由于政府用于海洋与渔业方面的财政资金支出不足，使得大连市在海洋与渔业仪器设备购买和使用方面存在不少问题。用于环境监测、海域动态监管、海洋灾害预报、水产品质量检测、水产养殖病害防止等方面的仪器设备年限较长，设备老化严重，导致检测和监测的结果有所偏差，监管和预报的准确率下降。几乎每年，大连市渔船检验局都会发放渔船救生筏检修费补贴，用于渔船救生筏的使用和检修；部分捕捞渔船也会更换船用主机，以保证捕捞渔船出海作业时的安全。因为硬件设施落后和技术设备老化所带来的一系列问题和影响，阻碍了大连市海洋与渔业的发展，政府需要加大在海洋与渔业上的财政支出，促进大连市海洋经济的快速发展。

3.2.3 人员结构不合理且服务功能不强

由于大连市海洋与渔业相关职能机构过于分散，导致了各部门的人力资源不集中、人员结构不合理、各职能机构的技术人才缺乏等问题。目前，各相关职能部门均存在职位重复、人员年龄老龄化、学历偏低、专业匹配度低和技术人才短缺等问题，一些管理者也大多来自基层，且专业并不相关，因此在管理上既无创新也不愿接受新的管理思路和模式。这些问题都导致了海洋与渔业相关服务功能的缺失，滞后了大连市海洋与渔业的发展，与国家倡导的“服务型政府”这一理念也有所不符。公民们在行使相关权利和办理相关事宜时，不能享受到“一体化、一条龙”的服务模式，在很大程度上降低了政府的服务质量和公民的办事效率。

第四节 大连市海洋与渔业公共服务平台设计

公共服务平台的设计，主要的目的是为公民共同消费与平等享用公共产品和服务时提供快捷和方便，这顺应和结合了登哈特的新公共服务理论；而大连市海洋与渔业公共服务平台的建设则是在响应党在 2014 年两会提出的“全面实施海洋战略，大力建设海洋强国”的号召和大连市“品质立市”“科技兴海”的客观需要的背景和前提下，结合海洋与渔业公共服务的概念和新公共服务理念，使大连市海洋与渔业公共服务总体水平有所提高，使海洋与渔业及其相关行业的公民享受到更加方便快捷的服务模式。

4.1 项目选址

大连位于辽东半岛南端，地处黄渤海之滨，背依中国东北腹地，与山东半岛隔海相望。气候冬无严寒，夏无酷暑，有“东北之窗”“北方明珠”“浪漫之都”之称，亦是一座风景秀丽的旅游胜地。

黑石礁则是大连市区内有名的地质景点之一，这里海岸线曲折多变，十几亿年前形成的黑色礁石遍布海中，黑石礁也因此而得名。经过几十年的发展与变迁，如今的黑石礁已经成为了一个集商务、科技、学术、旅游和居住为一体的综合性区域，其周边的基础配套设施已经相当完善，在未来也具有相当良好的发展前景。

4.1.1　地理位置

初步拟建大连市海洋与渔业公共服务平台位于大连海洋大学旧址，大连海洋大学将迁址大连市普湾新区，其旧校址位于黑石礁临海区域（如图 3－2 所示），黑石礁东接星海湾，西临凌水湾，是连接星海湾商务区、高新园区科技中心区和软件园科技中心区的重要区域；且旧校址所在位置依山傍海，养殖区遍布，也为大连市海洋渔业公共服务平台提供了天然的海域资源。方案场地周边目前南面均为海域，西北面为西尖山，且场址地势起伏较大，需经填海、地基处理。

图 3－2　大连海洋与渔业公共服务平台位置图

4.1.2 气候条件

大连市属温带半湿润季风性气候，由于受大陆性和海洋性气团控制，其特征是冬季漫长寒冷，春季多风干燥，夏季炎热多雨，秋季湿润凉爽。风向，冬季多西北风，夏季多西南风，春季两季风大，最大风速 12～15 米/秒，基本风压 0.50 kPa，基本雪压 0.40 kPa。

4.1.3 基础配套条件

黑石礁区域周边交通便利，拥有公交汽车、有轨电车、长途汽车和跨海大桥等多种交通工具及出行方式；黑石礁周边具有发展成熟的居民区以及商业区，上下水、电力、电热、通讯等基础配套条件完备，为大连海洋与渔业公共服务平台建设提供了天然完善的实施条件。

4.1.4 社会经济条件

大连是全国 15 个副省级城市之一、全国 5 个国家社会与经济发展计划单列市之一，也是全国 14 个沿海开放城市之一；是辽宁沿海经济带的金融中心，航运物流中心，也是东北亚国际航运中心，东北地区最大的港口城市，是振兴东北老工业基地的龙头及国家级战略辽宁沿海经济带开发开放的核心城市。

4.2 项目设计

大连海洋与渔业公共服务平台的设计主要包括项目选址、项目分区及交通流线三大部分，每一大部分又有各项分支(见图 3－3)。

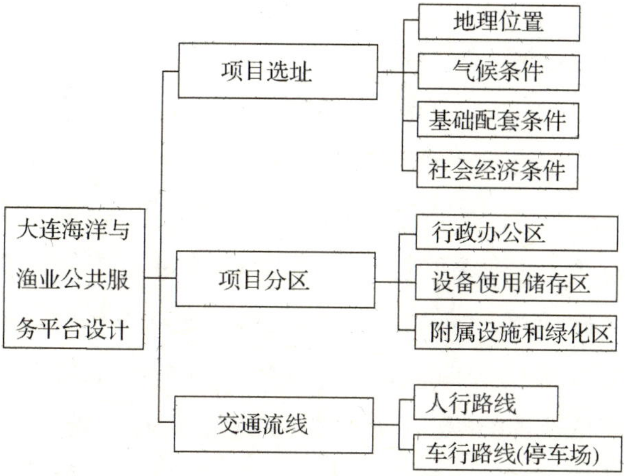

图 3-3 大连海洋与渔业公共服务平台设计路线图

4.2.1 设计原则

大连市海洋与渔业公共服务平台是一个独特的，具有创新性的研究设计，而海洋与渔业公共服务平台的设计在国内也是鲜少于见的。这既是大连市海洋与渔业公共服务平台设计的瓶颈，但同时也是机遇。本研究将结合大连市海洋与渔业的实际情况、场址周边的环境与状况以及借鉴其他国家和地区的成功经验，建设出具有大连海洋与渔业特色、符合大连市海洋与渔业发展特点和前景的综合性公共服务中心，实现海洋与渔业公共服务平台建设的阶段性发展。

1. 因地制宜原则

即大连市海洋与渔业公共服务平台的建设应从实际出发，充分考虑大连及黑石礁周边地区的实际情况，根据其功能定位、人口规模、经济状况等的发展现状与前景来进行规划设计。

2. 多元化服务原则

在大连市海洋与渔业公共服务平台的建设中将采用多元化的服务模式,这就要求政府和公民都要积极地参与到公共服务的体系中来。在这种服务模式中,政府将处于领导者的位置,而公民则扮演参与者的角色。多元化服务实质上是对政府部门所提供的服务水平的一种更高要求,通过公民与政府的实时协商与沟通,满足公民的需求。这种服务模式既有利于政府部门对公民的管理和指导,又提高了政府的工作效率,也实现了公民的高度参与所带来的互利共赢。

3. 以人为本原则

以人为本,是科学发展观的核心。它的最终目的就是为了满足人们在社会生活和经济发展中的各种需要。公共服务的核心则落在"服务"二字上,它的本质也是为了满足他人的需求。由此可见,以人为本和公共服务在一定程度上是有着相同的作用和联系的。因此,大连市海洋与渔业公共服务平台在建设时,应当以公民的需求和发展为基点,充分做好体系的服务工作,解决好事关广大人民群众生存与发展的各项服务事业。

4.2.2 设计特点

大连市海洋与渔业公共服务平台的建设将与黑石礁周边环境及建筑相融合,形成美观绿化的景观带和高低错落的建筑群,并同外围的配套设施相结合,设计出总体上符合大连市海洋与渔业公共服务的需求，细节上配合周边环境与建筑的、具有大连海洋特色的海洋与渔业公共服务平台。

1. 高效化服务流程，国际化人力资源体系

通过整合大连市内各个海洋与渔业相关职能机构从而构建高效化的服务流程，提高海洋渔业相关人员和市民的办事效率；聘用海洋渔业产业方面的高技术人才，解决过去技术人员分散、技术水平不均衡等问题，实现信息实时传递，资源共享，提升大连市海洋渔业科技、信息、监测服务总体水平。

2. 建立海洋与渔业信息数据库

在项目中建立海洋与渔业资源图书馆，掌握国内外海洋与渔业及其相关行业的信息来源渠道，网罗各类最新国内外资讯、研究成果和发展趋势；在图书馆内建立便捷、高效和系统的网络图书馆系统，便于各类书籍、期刊和电子图书的管理、分类和查询。

3. 形成各种技术设备的综合管理和租赁使用体系

由于大连市海洋与渔业及其相关产业分支众多，用于海洋灾害指挥、水产品质量检验检测等多方面用途的设备也相对分散，给工作带来了诸多不便。因此，在大连市海洋渔业公共服务的平台中将建立一套相对完善的技术设备综合管理应用系统，将各个单位所能使用到的各类技术设备安排在一处或几处建筑内，实现海洋渔业信息、技术和指挥工作的实时交流。另外，在确保不影响各部门正常工作和设备使用的情况下，施行合理的设备租赁使用管理，即使设备得到了

充分的利用，又可增加机构的额外收入。

4.2.3 空间构成

如图 3－4 所示，在大连市海洋与渔业公共服务平台将在设计中划分的行政办公区、设备使用储存区和附属设施和绿化区并形成如下的平面效果。设计中满足了功能使用和景观绿化两大需求，将主要行政办公区进行集中规划，便于更好地为公民服务；其他附属设施如文夫图书馆、海洋与渔业史展馆和獐子岛楼也均合理的散布在规划区域内，为其使用功能提供了方便；道路景观也随着主要建筑而设计，达到了“楼中有景，景中有人”的和谐景象。

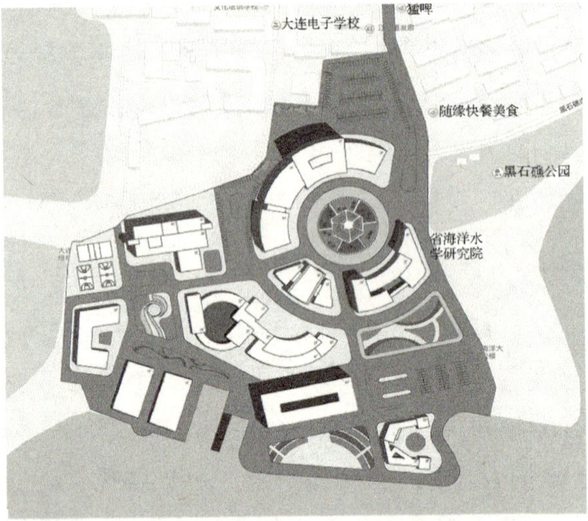

图 3－4　大连市海洋与渔业公共服务平台平面图

如图 3－5 所示，大连市海洋与渔业公共服务平台在设计中配合了大连市的整体城市规划，黑石礁区域周边中低层建筑较多，且平台设计临海而建，故不宜建设高层建筑。平台建设中建筑平均层高为 3 层，最高建筑为 7 层，最低为 2 层；海边的设备厂房也不高于 5 米，与小型码头相互配合使用。

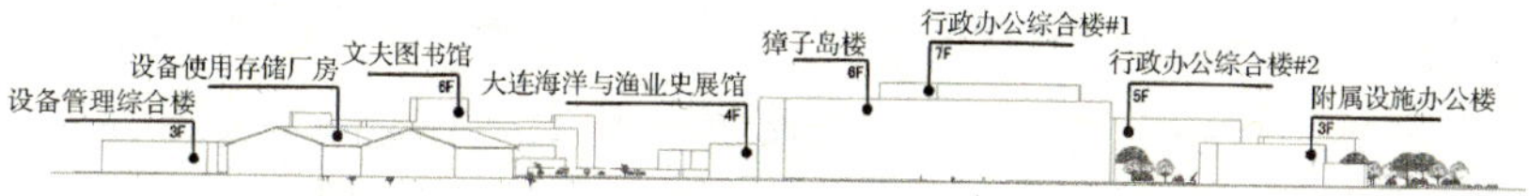

图 3－5　大连市海洋与渔业公共服务平台立面图

4.2.4　功能分区

大连市海洋与渔业公共服务平台将主要分为三大区块进行设计，分别为：行政办公区、设备使用储存区以及附属设施和绿化区，如图 3－6 所示。

图 3－6　大连市海洋与渔业公共服务平台功能分区图

1. 行政办公区

行政办公区的功能主要为整合大连市内各个海洋与渔业管理相关的职能机构，例如：大连海洋渔业局、大连市渔政监督管理局、大连市水产研究所和大连市海洋与渔业环境监测中心等，这些机构主要负责海洋调查与测绘，海洋观测、监测与预测，海洋资源服务、海洋信息服务以及其他海洋公共服务业等各项服务。这些机构在各个方面均有不同程度的共通之处，各个部门之间也有着不可分割的联系，然而这些机构之前一直相互独立、各自为政，互相之间缺乏必要的内在联系，本项目通过将这些相关机构的整合，以达到人才集中、资源共享、信息综合、便于管理的目的，并完善环境监测、海域动态监管、海洋灾害预报以及水产品质量安全检测、水生动物疫病监控、水产养殖病害防治、渔业安全、渔民培训、滩涂研究、灾害指挥等工作，为大连市的海洋事业发展提供完善的后台服务体系，解决长期以来存在的缺乏固定工作场所、人员结构不合理、服务功能不强、机构协调不足等存在的问题。

行政办公区主要行使两大功能：行政服务和监测研究；该区域拟建办公楼两栋，其中行政服务中心为 3 层建筑，监测研究中心为 7 层建筑（见图 3 - 7）。

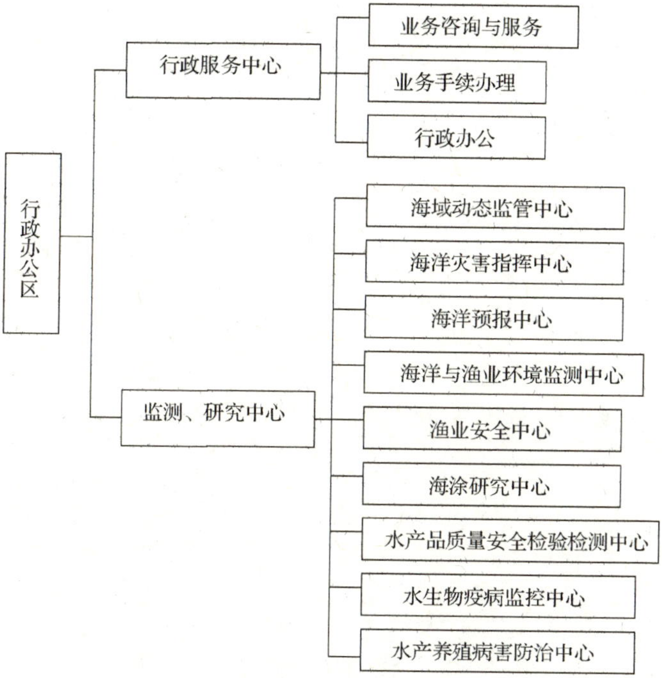

图 3－7　行政办公区设计分支图

2. 设备使用储存区

设备使用储存区的主要功能在于系统的使用和管理用于海洋调查与测绘、海域动态监管及海洋预报等各个方面所使用到的多种仪器及设备，并在不影响正常机构勘测使用的情况下进行部分设备的租赁。目前，我市用于海洋与渔业方面的硬件设施相对陈旧，且储存分散，在整合大连市内各个海洋与渔业管理的相关职能机构的同时，配置系统化、高端化、国际一流的仪器设备和使用系统，形成开放高效、功能齐全、具有特色的设备管理系统。

该区域将拟建用于海洋渔业相关仪器设备储存和使用的厂房1～2座，用于设备管理和租赁的办公楼1～2栋（见图3-8）。

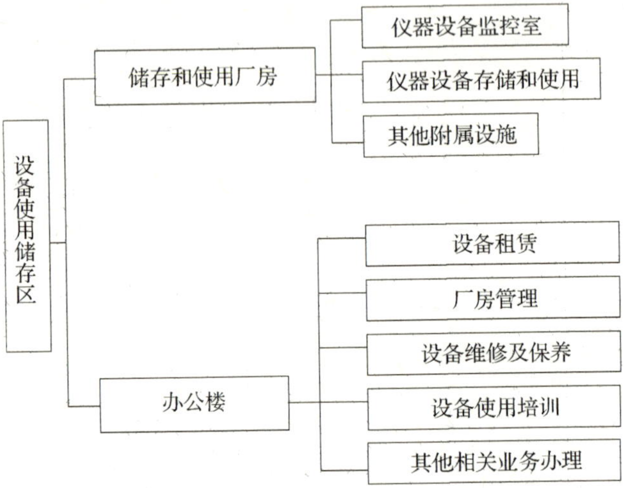

图3-8　设备使用储存区设计分支图

3. 附属设施和绿化区

在附属设施和绿化区域中，主要将建设小型码头、广场、道路、绿化及部分室外运动设施等，丰富和完善海洋与渔业公共服务平台的建设，将周边环境与之相结合。

在项目建设中，将保留一部分海洋大学内现有的建筑，例如文夫图书馆和獐子岛教学楼，其中文夫图书馆将转型为以海洋与渔业方面为主的多功能图书馆，将相关的信息和书籍汇集于此，形成独具特色的海洋与渔业图书馆。而獐子岛教学楼则将用于大连市海洋与渔业方面的宣传教学、渔民培训以及水产品养殖、检测检验实验室等的多功能建筑；大连市的海洋与渔业发展空间巨大，前景广阔，市内各大高校对培养海洋与渔业方面的人才也愈发重视。因此，獐子岛教学楼内也将设置用于我市各大高校海洋与渔业等相关专业学生参观、体验和学习的展厅。在獐子岛教学楼及设备储存区之间，将修建可供小型船只停靠的码头，便于相关部门采集样本数据、仪器设备使用和渔民培训时的参观体验。此外将在项目中建设大连市海洋与渔业发展史展馆一座，方便相关技术人才和各大高校的学子参观学习（见图 3－9）。

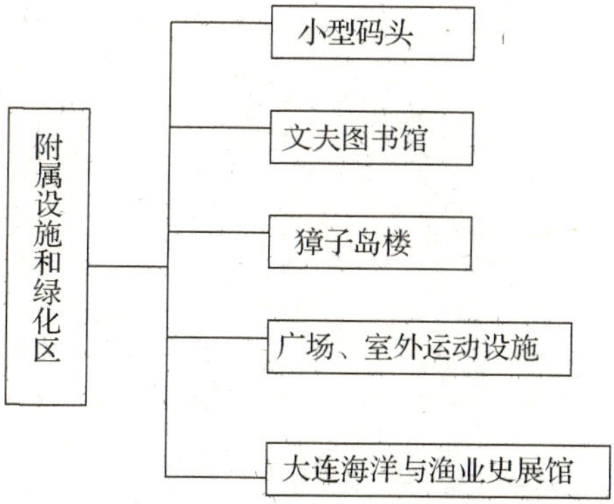

图 3－9　附属设施和绿化区设计分支图

项目中的景观绿化将在整体规划结构布局的基础上，着意强调整体景观环境的塑造。以生态环保的理念作为景观环境的整体宗旨，充分融洽到项目的环境中，营造出一个简洁大方、心旷神怡的工作环境。

4.2.5　交通流线

大连市海洋大学旧址周边交通便利，且独居一隅，依山傍海，使得在建立海洋渔业公共服务平台的交通流线时能够达到通顺便捷，互不干扰，为车行路线和人行路线的设计提供了有利条件。项目建设将实现“安全性、智能化”和需求合理的人车分流路线，避免造成时段性消极空间，确保车行系统与人行系统的利用率。针对不同的出行情况设置道路及出入口，避免交叉干扰。

项目道路交通系统规划以加强内部功能组织和便利内外交通联系为原则，以形成“多核心”的空间结构，整个道路系统主要分为三级（见图 3－10）：

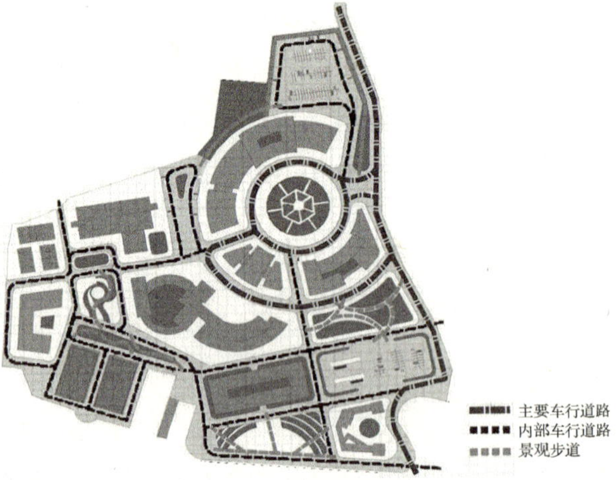

图 3－10　交通流线图

项目主要车行道路：连接整个项目及项目外部的车行道路。

项目内部车行道路：连接项目内部行政办公区、设备使用储存区以及附属设施和绿化区三大区块的车行道路和人行道路。

景观步道：根据项目内部不同区块的使用功能设计符合

区块建筑风格的景观绿化，使项目内部的景观在临山环海的整体风格下又体现出各自的特点。

4.3　项目预期

通过大连市海洋与渔业公共服务平台的设计，将对未来的大连市海洋与渔业发展产生积极良好的影响，使我市在海洋与渔业公共服务方面达到更加完善和有效率的新水平。经过对大连市海洋与渔业公共服务平台设计的整合和设想，现行成以下效果图纸（见图 3－11 和 3－12），通过图纸能更加直观地看到未来我市海洋与渔业的良好前景。图纸中体现了因地制宜、以人为本和多元一体化的设计原则，合理规划设计出行政办公区、设备储存使用区和绿化及附属设施三大主要区块，并在此基础上细分各个功能区块，以达到“以人为本，服务优先”的设计初衷。

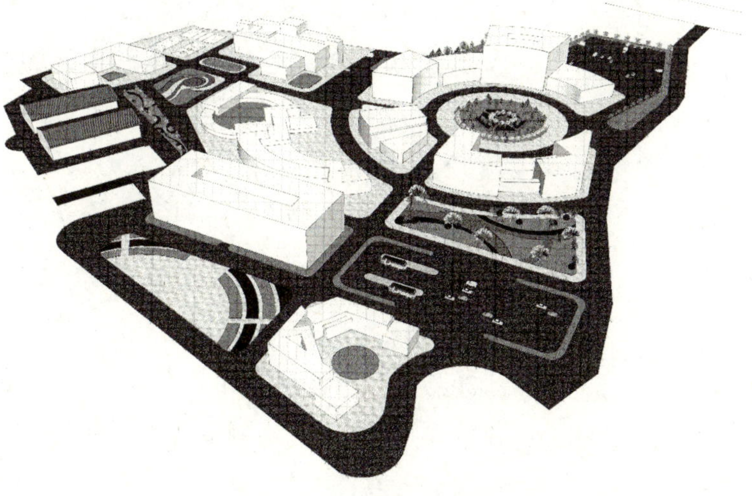

图 3－11　平台设计效果图

图 3－12　平台设计效果图

项目建成后的预期成果主要体现在以下几个方面：

1. 高效化服务流程，国际化人力资源体系

通过整合大连市内各个海洋与渔业相关职能机构从而构建高效化的服务流程，提高海洋渔业相关人员和市民的办事效率；聘用海洋渔业产业方面的高技术人才，解决过去技术人员分散、技术水平不均衡等问题，实现信息实时传递，资源共享，提升大连市海洋渔业科技、信息、监测服务总体水平。

2. 建立海洋与渔业信息数据库

在项目中建立海洋与渔业资源图书馆，掌握国内外海洋与渔业及其相关行业的信息来源渠道，网罗各类最新国内外资讯、研究成果和发展趋势；在图书馆内建立便捷、高效和系

统的网络图书馆系统，便于各类书籍、期刊和电子图书的管理、分类和查询。

3. 形成各种技术设备的综合管理和租赁使用体系

由于大连市海洋与渔业及其相关产业分支众多，用于海洋灾害指挥、水产品质量检验检测等多方面用途的设备也相对分散，给工作带来了诸多不便。因此，在大连市海洋渔业公共服务的平台中将建立一套相对完善的技术设备综合管理应用系统，将各个单位所能使用到的各类技术设备安排在一处或几处建筑内，实现海洋渔业信息、技术和指挥工作的实时交流。另外，在确保不影响各部门正常工作和设备使用的情况下，施行合理的设备租赁使用管理，既让设备得到了充分的利用，又可增加机构的额外收入。

第五节　大连市海洋与渔业公共服务平台建设的对策建议

大连市海洋与渔业公共服务平台的建设归根结底是落在“服务”二字上，其最终目的就是为了满足相关人士及公民的一系列需求和提高办事效率，而一个完善的公共服务体系平台也是一个城市乃至一个国家实现服务型政府的重要过程和突出标志。

5.1　树立及强化服务型政府的理念

大连市是提出“服务型政府”理念最早的城市之一。在2010年，大连市的行政服务资源整合实现了新的突破，市政府行政服务中心已经承担起大连市的政务公开、政府信息公开、行政审批、电子政务、行政投诉办理等工作的组织、协调、指导、考核职能和服务型政府建设工作领导小组办公室职能。

大连市服务型政府的建设紧跟着行政服务中心的建设步伐，政务公开在统领行政审批、电子政务、信息发布、行政投诉、公共资源交易等各个方面，成效斐然。而政务公开俨然已经成为建设服务型政府的必备条件之一，且是塑造服务型政府其他特征的必要条件。政务公开的意义主要表现在以下四个方面:第一,政务公开可满足公民的知情权。政府行政行为的目标、意图、手段、过程和结果都应当是透明的,全方位向社会公开的。第二,政务公开有利于扩大公民的政治参与。政府的公共政策过程最大化地让公民参与,是现代服务型政府区别于传统管制型政府的基本特征。第三,政务公开有利于社会约束政府行为,防止公共权力被滥用。第四,信息服务是服务型政府向社会提供公共服务的一项重要内容。此外,正确地处理政府与公民之间的关系和充分利用政府的资源配置功能也是促进服务型政府和公共服务体系建设的不可或缺的条件。

(1) 正确处理政府与公民之间的关系。完善的公共服务体系是健全的服务型政府的突出标志,服务型政府则是建立公共服务体系的有力保证,二者是相互促进,相互依存的,缺一不可。政府部门应从根本上摆正原先领导者和掌控者的位置,端正工作服务态度,将公民的利益放在首位,工作人员应树立全心全意为人民服务的观念。海洋与渔业公共服务平台的建设有利于促进大连市海洋与渔业产业中海洋环境监测、海域动态监管、海洋灾害预报、渔业安全、养殖业、海洋捕捞业、加工产业链、都市休闲渔业和渔港建设等工作的发展和进步,有利于公民行使主权和享受政府的"服务",把权力的使用作为实现公民公共利益与争得公民认同的一种手段。

(2) 充分利用政府的资源配置功能。"强化政府和专门机构在公共服务体系建设中的主体地位和作用,提高政府的公共服务能力,充分发挥其在制定公共服务发展规划,统筹、推动和协调公共服务体系建设重大问题等方面的组织和领导职能”，政府在资源的调动和配置上拥有巨大的优势，政府应配合各类公共服务体系的建设，整合公共服务资源，统筹规划、科学配置，增强政府公共服务部门和相关办事机构之间的有效合作，为公民提供健全完善的公共服务，逐步高效地促进大连市海洋渔业公共服务体系的建设。

5.2 加强对海洋渔业的政策扶持

政府部门应加强对海洋渔业产业的政策扶持和经济补贴，逐步提高水产养殖、水产科技、海洋捕捞、环境监测和渔港建设等项目的资金补贴比例；继续实行海洋捕捞渔民转产转业补贴政策，实施水产种苗进口免税政策。加强和鼓励渔业及相关产业组织的合作，促进渔民之间通过共享利益、共担风险的机制，进行产业化联结。与此同时，政府应大力发展外向型经济，实施“科技兴渔”战略，全面扩大海洋渔业的对外开放，强化技术创新，以大项目促大发展。重点抓好远洋渔业项目，加强动态监管；全面实施涉外渔业培训项目，预防和减少渔业涉外违法违规事件的发生。

2014 年 2 月，为促进大连市海洋渔业的持续健康发展，大连市人民政府结合本市海洋渔业的实际情况，制定并颁发了《大连市促进海洋渔业持续健康发展实施方案》。

方案中为大连市海洋渔业未来的发展思路进行了阐述，坚持国家关于“生态优先、养捕结合和控制近海、拓展外海、发展远洋”的生产方针和“资源利用与生态保护相结合、发展生产与改善民生相结合、转变发展方式与创新机制体制相结合、市场调节与政策扶持相结合”的基本原则，以加快转变海洋渔业发展方式为主线，以确保水产品安全有效供给和渔民收入持续增长为首要任务，以健全完善现代渔业产业体系和支撑保障体系为重点，以实施海洋渔业重点工作任务为抓手，大力加强渔业生态化、工业化、信息化、现代化建设，进一步促进渔业结构调整和产业优化升级，努力提高国内外两种资源、两个市场开发能力，全面提升大连现代渔业发展水平，建设渔业强市。在今后的 5 年中，大连市要针对海洋渔业发展的薄弱环节和适应未来发展的需要，着力抓好海洋渔业的各项工作：大力加强渔业资源和生态环境养护，提升水产原良种保障水平，强化水产养殖标准化改造，加快捕捞产业结构调整，促进水产品加工流通升级，积极发展休闲渔业，提升科技支撑引领能力，保障水产品质量安全，加强渔业安全生产和提升渔业管理能力。

大连市海洋与渔业公共服务平台的建立和完善，需要政府的大力支持和配合，鼓励和促进多种渠道集资和有偿使用的政策制度方针，坚持政府的“领导者”地位，通过政府的积极引导和市场的有效配合形成投入多元化、利益共享的管理投资新机制。在系统建立和平台建设上都需要政府在政策、经济上的扶持。

5.3　改进海洋与渔业行政审批和行政执法行为

海洋与渔业行政执法作为海洋与渔业发展的重要组成

部分，对于推进建设海洋强国，加强海洋综合管理和资源环境保护，提升海洋与渔业可持续发展能力具有十分重要的意义。因此，在建设海洋与渔业公共服务体系平台的背景下，进一步加强和推进海洋与渔业行政执法工作显得尤为重要。

（1）建立健全的行政决策运行机制。修订和完善大连市海洋与渔业局的工作规则，改善公众参与、专家论证、风险评估、合法性审查、集体讨论决定等必经程序，细化具体的操作流程，建立与相邻程序的工作接口。进一步增强决策透明度与公众参与度，制定完善的海洋与渔业重大决策听取意见的事项范围、征求意见方式，以及社会稳定风险、公共财政风险、环境生态风险评估制度和机制。

（2）充分发挥法制机构的参谋、助手和法律顾问的作用，依法行使相关权力。我市在行政决策合法性审查、行政执法案件审查、涉法信访、投诉案件法律咨询以及规范行政权力公开运行等工作方面仍旧存在不足，应进一步加大相关法律的宣传工作力度，推进大连市海洋与渔业方面的法制化进程，增强人们依法办事的意识。

（3）完善政府信息公开工作机制和制度。通过大连市政府和海洋与渔业局的公开信息网络，主动、及时、全面地公开各类海洋渔业工程建设、涉海建设项目和实施等相关信息。建立完善的政府信息主动公开机制、保密审查制度等各项工作制度。安排专人负责对上网的公开信息进行审查，防止错报、漏报和泄密等事件的发生。按照法定的程序和时限，及时录入和更新海洋渔业相关信息并予以发布。积极做好申请件的受理、审查、处理、答复等工作，满足公民、法人和其他组织的合理需求。

（4）创新和完善各项相关产业的许可制度和规范性文件的制发。认真贯彻《大连市人民政府办公厅关于进一步加强规范性文件制定和备案工作的通知》，严格规范文件的制发行为和备案工作。对大连市海洋与渔业局的名义起草、下发和现行有效的各项文件进行严格的审查，定期进行专项清理。

（5）按时完成公开网络平台建设及录入，做好行政复议与信访工作。按照市政府对事业单位办事公开网络建设的相关要求，组织大连市海洋与渔业局及隶属单位将办事项目、依据、条件、程序、时限、结果及服务承诺、岗位规范、纪律规定、监督渠道和收费项目的内容、依据、标准等内容如实进行编制并进行录入，完成各个单位部门办事公开网络平台建设工作及信息公开工作。落实《大连市行政复议与信访工作衔接协作办法》，形成解决行政争议、预防和化解社会矛盾的工作机制。调整完善相关工作制度、工作流程，有重点、分阶段、分步骤开展社会矛盾化解工作。

5.4　建立和发展网络信息技术

在建设服务型政府的过程中，电子信息技术的应用发挥了极大的作用，它不仅在一定程度上提高了政府的工作效率，也在服务的内容和供给方式上进行了创新，电子政务就是在这种需求和背景下应运而生的。电子政务是指运用计算机、网络和通信等现代信息技术手段，实现政府组织结构和工作流程的优化重组，超越时间、空间和部门分隔的限制，建成一个精简、高效、廉洁、公平的政府运作模式，以便全方位地向社会提供优质、规范、透明、符合国际水准的管理与服务。电子政务为传统的政府服务提供了一种全新的管理方式，在大连市海洋与渔业公共服务平台建设的过程中，也将形成系统的电子信息服务中心，它是一个立体的、全方位的网络信息服务系统，通过公共数据通讯网络，连接大连市海洋与渔业局各个职能机构和建立全面综合的海洋与渔业信息网。

(1) 充分利用电子政务，提高海洋与渔业的服务效率。当今世界正处在电子信息的时代，人们的生活与网络有着密不可分的联系，生活中几乎所有的事情都能通过一根细细的网线解决。而政府部门也逐渐意识到网络的重要性和便捷性，它对于政府和公民之间都是极其有益的，电子政务就是通过信息通信技术将政府和公民联系起来的一种信息平台。相对于公民和其他非政府组织来说，电子政务能够帮助他们更加便捷和最大限度地获取和享受政府的信息与服务，降低他们的办事成本和减少阻碍；而对于政府部门而言，则是要通过信息技术将政务公开化、决策民主化和行政高效化。一言以蔽之，就是要塑造一个高效、快捷、透明、民主的政府，以满足社会公民更高层次和更高效的公共服务需求。电子政务的应用对于促进政府提供公共服务具有重要意义。

在大连市海洋与渔业公共服务平台建设中，电子政务也将得到充分的发挥和利用，面对过去各个服务部门长期以来相互独立、各自为政，缺少必要内在联系等问题，电子政务都能给予良好的解决和改善。人们通过电子政务可以享受到

“一站式”的服务模式，为大连市海洋与渔业发展提供了极大的方便。

（2）建立完善的电子信息平台，达到信息的全面化和公开化。在大连市海洋与渔业公共服务平台的建设中，图书和电子信息资源的整合建立将在未来成为优势项目。在保留的文夫图书馆中，除了与大连海洋与渔业相关的书籍和期刊外，还将建立系统完善的电子信息平台，它将与大连市、辽宁省乃至全国的海洋信息平台联网，共享海洋与渔业方面的资讯，做到信息的全面化和公开化。平台可分为对内和对外两种，即政府部门之间的为对内平台，政府与公民之间的为对外平台，这与电子政务的应用有着一定的联系。由此，不论是政府还是公民，都能够通过网络实时掌握和查询国内外及身边的海洋与渔业发展动态，这将给未来大连市海洋与渔业的发展提供更高层次的服务，满足更高层次的需求，推动和促进大连市海洋与渔业事业更好更快的发展。

大连市拥有大连海洋大学和大连海事大学两所涉海的高等学府，其中海洋与渔业方面的人才众多，而大连又是一个海洋资源极其丰富的城市，这为各大高校的涉海专业人才提供了天然的地理条件。然而大连市海洋与渔业相关的信息资源却极为短缺，大部分信息通过网络也无法搜到，这对各大高校涉海专业人才的发展造成了一定程度上的阻碍。因此，大连市海洋与渔业公共服务中心的电子信息平台建设为各类涉海专业人才提供了信息资源的保证，为大连市培养更高水平的涉海技术人才。

第六节 小结

从国内外公共服务体系的建设、发展和实践经验来看，公共服务体系的建设是目前各个国家市场经济社会发展的重要支撑之一。公共服务所包含的范围和领域极其广泛，本研究将公共服务的概念与公共服务平台的设计相结合，并融入到大连市海洋与渔业事业的发展中来。通过调查和分析大连市海洋与渔业发展的现状总结出存在的问题，从而提出了大连市海洋与渔业公共服务体系平台的建设研究。

本研究阐述了海洋与渔业公共服务的概念，并将其与新公共服务理论和大连市海洋与渔业发展的实际情况相结合，在此基础上，提出了建立符合大连市海洋经济发展和具有大连特色的大连市海洋与渔业公共服务平台设计。本研究认为，在大连市海洋与渔业公共服务平台的建设过程中，应首先了解大连市海洋与渔业的发展现状，通过对现状的研究和分析，发现大连市海洋与渔业在发展过程中所存在的问题。其次，为了解决这些问题，总结出在大连市海洋与渔业公共服务平台的建设中应包含怎样的内容。例如，建立固定的工作场所、购买先进的仪器设备和合理配置相关技术人才等问题。最后，通过遵循因地制宜、多元化服务和以人为本的原则，研究分析项目选址和所需功能来建设大连市海洋与渔业公共服务平台。

第四章

大连“为农服务中心”建设研究

第一节　引言

1.1　大连建立为农服务中心的必要性

在贯彻落实《中共中央国务院关于深化供销合作社综合改革的决定》进程中，大连举全市之力，因势利导，创建为农服务中心，搭设新时期为农服务综合平台，取得了阶段性成果，表现出强大的生命力，亟须在全市大面积推广。

首先，“为农服务中心”建设是推进大连三农供给侧改革的重要内容。大连“为农服务中心”的建立，在全市范围内逐步建成现代农业社会化服务体系，进一步拓展农民生活和农业生产等经营服务领域，让广大农民享受到优质、高效、全面、细致的服务，有利于推进农业供给侧结构性改革，加快转变农业发展方式，保持农业稳定发展和农民持续增收。

其次，“为农服务中心”建设是大连市的一项重要民生工程。大连通过建设“为农服务中心”，进一步加强与农民紧密联系，完备为农服务功能，提升合作经济组织市场化运行效率，使之成为服务农民生产生活的生力军和综合平台，从而实现农业生产集约化，完善乡镇综合服务配套，提升农村人居环境，保障农民生产需求，改善农民乃至城镇居民生活品质，促进农民就业立业。

再次，“为农服务中心”建设是大连实现全面为农服务的重要抓手。顺应新型城镇化和新农村建设的要求，集中整合各部门资源共同打造为农服务综合性平台，组建覆盖全市农村的“为农服务中心”，就可以加快构建农村现代商品流通体系，加快建设农村综合服务体系，加快发展新型农民合作组织，全面提升经济运行质量，实现跨越式发展，促进为农服务领域进一步拓展、功能日益凸显，成为推动农村经济发展和社会进步的重要力量。

1.2 规划内容

为了确保“三农服务中心”建设有条不紊、循序渐进，特编制《大连市“三农服务中心”建设规划(2017—2022)》。规划在深入调查研究基础上，采取理论分析、实证分析、案例研究、经验借鉴、规划研究等方法，阐述大连市建设“为农服务中心”的必要性；提出 2017 年至 2022 年发展思路；明确大连市“为农服务中心”的功能定位与运营模式；规划大连市“为农服务中心”的空间布局；制定大连市“为农服务中心”建设的保障措施，同时分析了大连市供销社组织搭建“为农服务中心”的工作基础、行业优势和发展绩效。

本规划将研究如何构建新型农业社会化服务体系，将大连市供销社打造成为服务农民生产生活的生力军和综合服务平台，全面提升为农服务能力。从总体部署和具体方法进行全方位安排，通过综合为农服务平台建设，使各级供销社成为党和政府密切联系农民群众的桥梁纽带，成为农民群众的知心朋友和领飞头雁，努力形成“农业发展我发展，我与农村共繁荣”的良性发展局面，谱写大连市供销合作事业发展新篇章。

第二节　建设“为农服务中心”的基础和环境

2.1　发展成就和基础优势

近年来，大连市农业和农村经济发展迅猛，农业机械化、信息化、设施化、产业化水平大幅提升，大连城市化和农村城镇化快速发展，农村经济和社会全面进步。大连市将都市型现代农业定位为大连市农业发展方向，原有的农业发展模式已经难以满足新时期大连农业发展的需要，普遍建立“为农服务中心”，形成新型生产关系，推动农村生产力发展和社会进步，成为农业和农村工作的当务之急。

大连市供销社多年来坚持改革开放，大力发展城乡供销社经济，充分利用点多、面广等优势，发展多种经营，经济实力不断壮大。现已成为规模宏大、实力雄厚，集经贸实业为一体的大型经济联合体。大连市供销社全系统主要经济指标连续多年在辽宁省供销社系统中稳居榜首，在全国计划单列市和副省级省会城市供销社中名列前茅。近年来，大连市深入推进供销社农业社会化服务体系建设，着力提升农村公共服务水平，为农服务网络不断扩大、为农服务功能不断提升，为农服务能力不断增强。

2.1.1 综合经济实力呈现持续增长态势

经过多年发展，市供销合作社系统整体发展活力、经济实力和服务能力有了很大提升。2010—2015 年，全系统实现销售营业总收入 504.4 亿元，与“十一五”期间相比，增长 86.2%；实现利税 7.42 亿元，增长 80.1%；资产总额 21.3 亿元，增长 23.8%；资产负债率为 46%，下降 11 个百分点；所有者权益 11.6 亿元，增长 58.5%。

2015 年大连市供销社全系统实现销售营业总收入 116.8 亿元，增长 9.3%；实现利税总额 1.77 亿元，增长 8.2%；全系统资产总额 22 亿元，增长 6.6%；资产负债率 47.6%，增长 1.08%；所有者权益 11.5 亿元，增长 4.5%。大连市主要经济指标保持稳步增长，综合实力和服务能力不断提高，发展质量和经济活力明显增强。

2.1.2 具备较为完善、综合全面的为农服务体系

大连市供销合作社系统本着为农、务农、姓农的总体原则，积极推进经营和服务创新，完善为农服务体系，为农服务能力明显增强。五年来，全系统升级改造基层社 47 个，新建、改建、扩建农村综合服务中心 132 个，创办、领办、参办农民合作社 101 个，扶持农民合作社示范社 63 个，扶持龙头企业 2 家。“十二五”末，全系统基层社总数已达 87 个，农村综合服务中心 872 个，农民合作社 286 个，农民合作社示范社 77 个，龙头企业 5 个；吸纳入社农户 9.3 万户，带动农户 15.7 万户，帮助农民实现收入 14 亿元。

（1）农资供应配送服务广泛深入农村。依托农家乐网络优势，2015年销售供应化肥农药等主要农资20万吨，占地区总量75%以上，农民对农资供应满意率达98%；承担了化肥5 000吨、农药180吨的市级主要农资储备轮换任务。各涉农区市县供销合作社在春耕生产服务大集活动中，推广放心农资，提供技术服务，解答支农惠农政策，受到广大农民的好评。

（2）积极开展农商对接活动，拓展农产品销售市场。成功举办首届大连农产品新春展销会，汇集全市各类涉农行业协会、龙头企业、农民合作社等160余家单位共计千余种名优农产品，客流量达26万人次，总成交金额及协议金额2.7亿元。全年组织参加农商对接和农产品展销推介活动20次，促进农业稳定增效，农民持续增收。

（3）打造农业示范生态园，培育龙头企业发展壮大。推进天陆农业科技生态园和禾盛农业生态园肉牛繁育基地建设，提高设施农业综合生产能力，打造现代农业设施精品园区。建成矮化苹果示范区120亩，建成矮化大樱桃温室种植实验示范区50亩；完成休闲农业设施600亩，建成肉牛饲料青储池1座，繁育肉牛800头，带动周边2 000余农户增收致富。2015年培育扶持农民合作社示范社10个，带动周边4 000余农户增收致富。

（4）推进基层供销社建设，提供便民生活化服务。2015年完成改扩建基层社商业网点10个，为周边40余万农民提供生产生活等社会化服务。庄河市光明山镇供销社发展庄稼医院1个，为农民提供农资供应、信息咨询、农业技术培训等农化服务，极大方便了周边农民的生产生活所需。

(5) 推进农村综合服务中心建设。2015 年新建农村综合服务中心 20 个，发展功能齐全、设施完善、服务规范，并具有相对规模的为农服务中心 5 个，辐射 40 余个行政村，为周边 13 万农民提供一站式服务。其中，庄河丰大综合服务中心投资 80 万元，开设了农资超市、科普视频中心、庄稼医院等为农服务项目，并配备 4 辆服务车送农资、送技术下乡，为农民解决实际困难。

(6) 加强人才建设，为农民提供职业技能培训。依托职业技能鉴定大连工作站，举办农化服务和职业技能鉴定培训班 32 期，培训农民 4 000 人次，颁发职业资格证书 608 人次。加强对各类行业协会指导服务，在培育特色产业、搞活农产品流通、促进农民增收等方面发挥积极作用。

2.1.3 拥有一批规模壮大、效益优良的社有企业组织

转变经济发展方式，加快传统业态转型，大力推进联合合作，积极培育新兴产业。社有企业整体发展水平稳步提升，社有企业经济实力显著增强。全系统现有社有企业 70 个，其中市级社企业 20 个，县级社企业 50 个，实现销售收入 438.4 亿元，与“十一五”期间相比增长 93.6%。五年来，可口可乐公司累计销量达 3.7 亿标箱，实现销售收入 50.1 亿元，实现利税总额近 4 亿元，在国内各瓶装厂中始终保持领先水平。

果品集团公司加强出资企业的管理与服务，可口可乐公

司通过新包装、新口味及创意赠饮等多种营销形式吸引消费者，全年实现销售收入 12 亿元，利税总额 1.2 亿元。加大对创富容器公司经营业务调整力度，出资 2 000 万元调整了公司股权，并成为其绝对控股股东，为全系统发展新兴产业，拓展空间阵地奠定了坚实基础。同时，积极探索为农服务新领域，先后注册成立供销农产品交易中心、供销农产品公司和供销电子商务公司。

圣达置业公司强化市场管理，进一步稳定经营业态，改善经营环境，先后投入 180 万元完成楼体修缮、广告牌更换、消防监控设备升级、食堂改造等工程。加大对外宣传力度，建成大连酒店用品网，发布信息 210 期。现有商家 102 户，知名品牌千余个，实现营业收入 1 560 万元，市场交易额 7 亿元。

农家乐公司加强与中农集团合作，投资 60 万元购置两台智能配肥机，利用“互联网＋”手段，为农民提供测土施肥服务，减少农民的种植成本。投资 100 万元对莲山、石河子、老虎屯等农资储备库进行了升级改造，完善仓储设施。积极探索果蔬冻干加工合作项目，目前已完成可研论证。

2.1.4 建成具有一定辐射力的农村流通服务网络

农村流通服务网络建设成效显著。全系统现有连锁网点已达 2 639 个，连锁销售额达 88.3 亿元，与“十一五”期间相比分别增长 14.3%、60%；农产品批发(农贸)交易市场 16 个，年交易额达 89.6 亿元，增长 146%；再生资源回收额 6 亿元，增长 114%。

重点项目建设成效明显。全系统共获国家“新网工程”项目 572 个，争取各类扶持资金达 1.11 亿元，固定资产投资总额达 1.51 亿元，新增经营设施 121 处，新增营业面积 1.7 万平方米。莲山农资批发市场、老虎屯农资配送中心和众帮德宝工厂化良种蔬菜育苗基地被列为市级重点扶持项目，投资规模均在 20 00 万以上。

2.2 存在的差距和问题

供销合作社在为农服务、保障市场供应、繁荣城乡经济等方面作出了很大贡献，在拓展经营领域、壮大经济实力方面取得了一定成效。但同时也存在一些问题和困难，主要是经营机制改革有待创新，为农服务功能有待加强，资金渠道有待拓宽，部分历史遗留问题仍待解决。新时期供销社面临深化综合改革的重要性和紧迫性，分析认清当前存在的问题和差距，对于下一步改革推进至关重要。

2.2.1 资金短缺的发展瓶颈有待突破

社属企业和农民专业合作社资金匮乏，融资困难，特别是在农村现代流通网络建设和引领农村合作经济组织等方面还缺乏必要的政策和资金支持，影响了为农服务功能的有效发挥，制约了经营服务领域的拓展。《中共中央关于供销社深化改革的决定》中提出，允许财政项目资金直接投向符合条件的合作社，允许财政补助形成的资产转交合作社持有和管护，允许合作社开展信用合作。随着市场经济的发展和竞争的加剧，供销合作社在争取更多政策扶持的基础上，要以农村金融改革为契机，努力推进金融创新工作，多举措为农解决资金短缺难题。

2.2.2　经营服务模式有待创新

目前供销社系统经济规模还不够大，经济运行质量还有待进一步提高。需要通过创新组织、创新经营、创新服务，推动供销社科学发展。创新农业生产服务方式，为农民提供系列化服务。大力发展电子商务，推动传统流通网络融合发展。统筹整合资源，打造城乡社区综合服务平台。建立可持续服务机制，稳步开展农村合作金融服务。强化商品经营和产业开发，增强供销社的经济实力和为农服务能力。大胆探索，走自强发展、科学发展的道路，努力提高我市供销合作社系统在为农服务、网络建设及统筹城乡发展等方面的能力。

2.2.3　基层社为农服务功能有待增强

各区市县供销合作社发展不够均衡，改革创新开放办社和为农服务能力亟待提高。基层社经济实力薄弱，流动资金紧张。供销社系统大量资产已经变卖用于改制、补偿安置职工或偿还债务等，目前剩余资产多是低效闲置资产，不仅数量较少，而且零星分散。大部分基层社经济实力薄弱，开拓市场、参与流通的能力不足。基层供销社采取开放办社的方式吸纳农资和日用消费品零售企业或个体工商户力量，组织规模有待进一步扩大，实力有待进一步增强，进而才能提高服务“三农”的能力，发挥为农服务功能。

2.2.4 转制过程的历史遗留问题有待解决

因转制破产较早，涉及人员养老、企业资产等造成遗留问题。原老职工个人养老待遇等问题，供销社解决能力有限，带来了一定的不稳定因素。县乡两级供销社人才匮乏已经成为影响基层供销社改革发展的突出问题。县区社机关及企业人员年龄普遍偏大，部分基层社人员思想观念落后，缺乏活力和战斗力，高级经营人才和新型业态管理人才十分缺乏，选人用人机制亟待创新。

2.3 面临的机遇和挑战

随着农业现代化深入推进，农业生产经营方式正发生深刻变化。在新形势下加强农业、服务农民，迫切需要打造中国特色为农服务的综合性组织。供销社发展面临着诸多机遇与挑战。

首先，国家和辽宁省高度重视新时期供销社综合改革工作。2015 年 3 月《中共中央国务院关于深化供销合作社综合改革的决定》(中发〔2015〕11 号)提出深化供销合作社综合改革的总体要求。2016 年 2 月《中共辽宁省委辽宁省人民政府关于深化供销合作社综合改革的实施意见》(辽委发〔2016〕5 号)中指出，供销社要创新为农服务体系，拓展经营服务领域；创新社有企业运营体系，壮大为农服务实力。国家和辽宁省的重视和政策倾斜将推动供销社改革迈入新台阶。

其次，农村经济发展对供销合作社开展服务有广泛需求。供销合作社长期以来扎根农村、服务农民，具备天然条件来承担起农户与市场、政府与农民的桥梁和纽带作用。目前,我市农村缺乏为农民生产生活服务和公共服务综合平台。三农发展我发展,我与三农共前进,时代呼唤大连市供销合作社搭建为农服务综合平台,促进我市农业发展,适应农业、农村、农民的需求。

最后,随着农产品供求关系的转变与农村市场多元化格局的逐步形成,农村经济出现了许多新情况、新问题,也给供销社的改革与发展提出了新的要求。农民生活需求加快升级,迫切要求提供多层次、多样化、便利实惠的生活服务。供销社要适应形势变化的需要,通过深化综合改革,进一步激发内生动力和发展活力,在发展现代农业、促进农民致富、繁荣城乡经济中更好发挥独特优势,担当起更大责任。

第三节 国内经验借鉴

近年来，全国各地深入贯彻落实《中共中央、国务院关于深化供销合作社综合改革的决定》，坚持供销合作社为农服务的根本宗旨，通过整合供销社系统和社会资源，积极探索建设为农服务平台，提升供销合作社为农服务能力，取得了突出的成效。2016 年 6 月 27 日至 7 月 8 日，为推动大连市"为农服务中心"的建设，借鉴和学习其他省市供销社在为农服务平台建设上的先进经验，课题组成员赴广州、成都、南京、苏州、高密、唐山开展为期 12 天的调研。通过调研，了解各地在为农服务平台建设上取得的成就，并深入总结各地在为农服务平台功能设定、运营模式、空间布局、保障机制等方面积累的先进经验，为大连市"为农服务中心"建设提供借鉴和参考。

3.1 各地为农服务平台建设成效

3.1.1 广州

广州市供销合作社围绕"建设新型城市供销合作社，打造服务都市型现代农业、服务城乡社区居民生活的生力军和综合平台"的目标，以供销社有企业和基础供销社为基础，建设了综合农化服务、物流配送、农超对接、农产品电子商务等功能的农村生产生活服务平台。广州市供销社立足都市型现代农业实际和城乡一体化的趋势，探索建设城市社区家庭综合服务中心、农村社区综合服务中心，效果突出，取得成功，受到中央领导的关注和肯定。2011年8月13日，胡锦涛同志视察白云区金沙街家庭综合服务中心。2013年底，全国供销总社王侠主任批示肯定了广州市供销合作社的做法，并要求全国供销总社总结推广。

3.1.2　成都

成都市结合建设"10个粮经产业新村简称成片推进综合示范基地""7个产村相融现代农业精品园区""3条都市现代农业示范带"的都市现代农业示范基地规划，开展为农服务平台的试点探索。其中以崇州市供销社领办的"集贤农业综合服务站"最为突出。针对农业发展中"谁来经营、谁来种地、谁来服务"的三大难题，崇州市探索构建了"土地股份合作社＋农业职业经理人＋农业综合服务"三位一体的"农业共营制"新型经营体系，崇州市供销社总公司参股领办的耘丰农机专业合作社，建设"集贤农业综合服务站"开展土地托管服务试点。土地托管服务内容包括农业技术咨询、农业劳务服务、农资配送服务、育苗育秧服务、农业机械化服务、植保服务、运输服务、代烘代贮服务。土地托管方式有土地全托管和半托管。土地全托管实现了农业生产的全程机械化。2015年崇州市全托管土地达2 000亩、半托管服务辐射面积11 000亩，大力推动了崇州市粮食生产的适度规模经营和农业机械化生产，提高了农业生产效率。

3.1.3 南京

南京市供销社以推进“镇村服务与发展一体化、系统联合合作多元化、为民服务规模化，城乡流通现代化”建设为主要任务，开展供销社改革试点，通过打造农业全程社会化服务平台、电子商务发展平台、城乡社区综合服务平台、农村合作金融服务平台来拓展供销社经营服务领域。在为农服务平台建设上，2015年已经实现了南京市行政村“为农服务社(中心)”全覆盖。南京市财政每年以项目形式对供销社为农服务工作给予专项补助，2016年补助500万元。对已建成的为农服务社，结合“美丽乡村”建设，开展提档升级工作，围绕农民需求，提升功能和服务。在南京市政府的大力支持下，南京市供销社依托区级供销合作社联合社及农业服务中心，联合供销社基层社、农产品行业协会、农民专业合作社，农业基地、家庭农场及各类涉农服务组织，探索组建区级农民合作经济组织联合会，将分散在政府各个涉农部门承担的部分农业公共服务职能及政策落实职能交由农民合作经济组织联合会承担。通过整合政府为农服务力量，进一步提高农业资源配置效率，推动农民合作经济组织和农业社会化服务组织的联合合作，打造组织体系完整、覆盖领域广泛、利益联结紧密的综合性农业社会化服务平台。立足中心城市区位优势，采用政府主导、企业化运作的方式发展大型农副产品物流中心园区，参与建设规划占地3 000亩的南京农副产品物流中心园区，园区分设市场交易、加工仓储、冷藏物流配送、综合服务、商务配套、业态创新六大功能区，集农副产品检验检测、交易物流、电子信息结算、食宿娱乐于一体。2010年投入运营,当年交易额突破150亿元,跻身全国十强。

3.1.4 苏州

苏州市供销合作总社在吴江区开展了为农服务中心建设的探索与实践,取得显著的成效。苏州市吴江区供销社、吴江区旅游局投资400多万元,占地1 600平方米,在吴江区七都镇爕烂村建设为农服务中心,该项目是集农资服务、生活超市、太湖农家乐、太湖驿站为一体的为农服务综合体。为农服务中心建成后解决了爕烂村没有超市、农民购物不方便的问题,也给周边群众提供了休闲场所。吴江区供销社按照为农服务标准建设为农服务中心的日用品超市和农资超市,实现统一标识、统一商品摆设等统一的制度规范,并将农村电商植入为农服务中心,具备网上购销、网上办理公共服务等功能,使得农民可以方便地购买到生产、生活用品,享受到优质的公共便民服务。吴江区供销合作社还与平望镇双浜村村委会合作,累计投资200万元,建设双浜为农服务社。该服务社集农业生产资料供应、居民生活资料供应、庄稼医院、医疗卫生服务、健身娱乐等一体的综合性为农服务体。经营服务面积达1 500多平方米,包括日用品超市、农资超市、图书阅览室、卫生室、文体活动室、党员之家、老年活动室等。双浜为农服务社充分发挥各项服务功能,提供利民、便民服务,受到农民的欢迎和支持以及地方政府的认可和肯定。2010年双浜为农服务社被江苏省供销总社命名为"省级为农服务社样板社"。吴江区平望中心供销合作社,先后投入80多万元，建办了25个为农服务社，实现全镇适宜建点全覆盖，总经营服务面积达5 200多平方米，实现年经营额3 000多万元。

3.1.5 高密

高密市供销合作社联合社围绕“为农服务”的主线，坚持“政府支持、供销社主办、社会参与、市场化运作”的原则，开展以大田托管为主要内容的农业社会化服务，推进为农服务中心的建设。高密市规划在29个建制乡镇各建设一处为农服务中心，总投资共计850万元。为农服务中心的建设得到高密市政府的大力支持，2014年高密市政府印发《高密市供销合作社联合社建设为农服务中心实施方案》，明确提出每新建一处为农服务中心，高密市财政扶持100万元。截至2015年年底，高密市建成为农服务中心8处，完成土地托管35万亩。高密为农服务中心主要服务内容包括农业社会化服务、公共服务、商品经营服务、精神文化生活服务。为农服务中心由所在地的基层供销社或供销社有关公司负责整体管理和运营，坚持“有偿服务和无偿服务相结合”“党建带社建、社村共建”的原则，积极争取镇、村、林业、体育、文化、卫生等部门的广泛参与，形成了齐抓共管的良好局面。

3.1.6 唐山

唐山市供销合作社在唐山市政府的大力支持下，积极开展为农服务工作，唐山遵化市马兰峪镇供销合作社、西三里乡供销合作社、汤泉相供销合作社，玉田县鸦鸿桥镇供销合作社、石臼窝供销合作社等基层合作社都积极结合当地产业特色，开展农副产品销售、家政服务、手工业品制作、土地托管、农资配送、农技培训等为农服务活动，受到广大农民的欢迎和好评。唐山市还建成了农村产权流转交易中心，为农村产权流转交易双方，提供信息发布、受理交易咨询和申请、协助产权查询、组织交易、出具产权流转交易手续、协助办理产权变更登记和资金结算手续等服务。唐山市正在建设农村综合服务中心，项目总投资 19 218.62 万元，总占地面积 3 030.12 平方米，唐山市农村综合服务中心集中产权交易、金融保险、电子商务、科技培训、合作组织、行业协会、法律咨询，农村劳动力转移、农村居民进城等服务为一体，为各类农业经营主体提供高效便捷、规范有序的综合服务。

3.2　为农服务平台的类型与功能

各地在开展为农服务平台建设过程中，根据当地的实际情况和需求建设了名称不一的为农服务平台（如为农服务中心、为农服务社、三农服务社等）。根据所提供服务的不同，可以将这些为农服务平台分为两大类：单一功能的为农服务平台和多功能的综合性为农服务平台。

单一功能的为农服务平台以提供某一类的服务为主，如专营农资流通的农资超市、为城乡居民提供生活日用品的生活超市、沟通城乡商品流通的农贸市场等。单一功能的为农服务平台多以主要提供的服务来命名，如农资超市、农贸市场、果品市场、农副产品物流配送中心有限公司、农业担保有限公司等。

多功能的综合性为农服务平台是提供农业生产、城乡居民生活等多种服务的平台，综合性为农服务平台往往集成了多个单一功能的为农服务平台。从各地实践来看，综合性为农服务平台提供的服务有土地托管、农技咨询、农机租赁、育种育苗、农资配送、农产品流通、农村电子商务、农村金融、电信邮政、快递收发、日用品销售等囊括了农业生产全过程和农民生活需求的各种服务。综合性为农服务平台的名称多为三农服务社、为农服务中心、农业服务有限公司、专业合作联社等。综合性服务平台多以供销社的基层社或农民专业合作社为基础，集中了各部委（农业部、科技部、中华供销总社）及当地政府的政策性支农平台，如庄稼医院、农机医院、农村电商服务中心、大学生村官创业基地、农产品技术示范项目、农业产业化龙头企业、农超对接、平价超市、优质农副产品进社区、科技特派员创新创业基地等。其中，山东高密将综合性为农服务平台（为农服务中心）与农村社区服务中心相邻共建，方便农民办事，效果显著。

3.3 为农服务平台的模式

各地为农服务平台在建设中大多是在当地政府的大力支持下，供销社具体运营、企业和私人参与、农民专业合作社相结合的总体模式开展。为农服务平台多以政府补贴、市场化运作的形式开展运营，但在各地的具体实践中又形成了符合当地实际，各具特色的模式。

3.3.1 政府＋供销社＋企业

在地方政府高度重视和推进下，由当地供销社具体运作，依托供销社自有企业或新成立农业服务公司，建设为农服务平台。这一模式中，地方政府高度重视，不仅发文件支持，还提供财政补贴或专项资金，建设为农服务平台。当地的供销社协调成立农业服务有限公司，主要负责为农服务平台的选址、功能设定、运营等一系列工作的开展。典型如高密市为农服务中心的建设，高密市政府发文建设，明确提出每新建一个为农服务中心补贴 100 万元的建设资金。高密市供销总社结合当地实际情况和基层社的情况，组建为农服务中心，并将农民专业合作社与为农服务中心结合起来，构建多功能的综合性为农服务中心。在选址中，高密市供销总社充分与地方政府沟通，在各乡镇规划建设农村社区中心的临近地建设为农服务中心，以方便农民享受服务。高密市在具体运营中，由孚高农业服务有限公司（其参股≤30%）与各镇级农民合作社联合社共同注资成立的分公司负责建设运营各地方的"为农服务中心"，实务双线运营机制：以分公司为依托，以为农服务中心为平台开展规模化的为农服务。

3.3.2 政府十供销社十基层供销社

在当地政府的支持下，当地供销总社依托该地"市—县—乡镇"三级完善的基层供销社体系，构建为农服务平台体系。虽然部分基层供销社已经私营化，但是基层供销社与供销总社的业务联系依然存在。这一模式，多在供销社基层体系完整的地区采用，能较好地利用供销社系统来开展为农服务，建设成本也相对较低。典型如苏州吴江区供销合作社建设的为农服务中心（店），已经遍布吴江乡镇；唐山遵化和玉田也是依托基层供销社体系来建设为农服务平台。

3.3.3 政府+供销社+专业合作社

在当地政府的指导下，当地供销总社依托已经建成的农民专业合作社，来建设为农服务平台。这些为农服务平台往往和农民专业合作社在一处办公，方便开展为农服务。这一模式在广州、成都、南京、苏州等地都很常见。

3.3.4 政府+供销社+企业+专业合作社

在当地政府的支持下，当地供销总社与企业(农业生态、农产品贸易、物流、农资公司、金融企业等)合作，依托当地的农民专业合作社建设为农服务平台，这些为农服务平台与公司、农民专业合作社都集中在一处开展工作。在参与的企业中，大部分都是供销合作社持有股份的企业，或是政府持有股份的企业，这有助于激励和考核为农服务平台的建设。典型的有广州市供销社农产品经营有限公司、昆山市农业担保有限公司、南京农副产品物流中心等。

3.3.5 政府+供销社+私营业主

在政府支持下，当地供销总社选择合适的私营业主建设为农服务平台，政府提供补贴，当地供销总社进行监督。这些私营业主大多是由原来供销社系统改制后自主经营的老员工，与供销总社还有往来，便于沟通协调和管理。

3.3.6 政府+供销社+专业合作联合社+专业合作社

在政府的支持下，当地供销总社领办，将农民专业合作社组建成专业合作联合社，以专业合作联合社为基础建设为农服务平台。典型的如成都崇州集贤农业综合服务站。高密在这方面也很突出，先形成农民专业合作社，然后按产业类别形成农民专业合作社联合社，组建区域内合作社联合社。

各地为农服务平台的建设形成各具特色的运营模式，并取得了较好的成就。总体而言，具有以下可借鉴之处。

第一，当地市县两级政府的大力支持。在所有取得较好成就的市县，都离不开当地市县两级政府在财政和政策等方面的大力支持。当地政府的支持是为农服务平台建设的基本前提。

第二，各地供销社系统的积极工作和推动。各地供销社将为农服务平台的建设与供销社的改革发展结合起来，整合各种资源，积极领办、主办为农服务平台，充分发挥供销社在构建农业社会化服务体系中的作用。这是各地为农服务平台建设及持续运营的关键所在。

第三，重视发挥农民专业合作社的作用，积极满足农民的需求。各地在为农服务平台的建设和运营过程中都注重发挥农民专业合作社的作用，通过农民专业合作社来了解农民的生产生活需求，从而提供相应的服务，做到为农服务供需的有效对接。

第四，市场化运作，积极发挥企业和私人在为农服务平台建设中的作用。各地为农服务平台既具有公益性，又有经营性，引入私人和企业投资，通过市场化的运作能有效地提高为农服务效率，并有利于为农服务平台的持续运营。

3.4 为农服务平台的空间布局

在空间布局过程中，各地主要考虑的是为农服务平台网络的辐射量和服务渗透的厚度，确保为农服务平台的分布在市、区、街（镇）、村之间形成体系化、规模化。总体而言，考虑的因素主要如下。

3.4.1 当地特色需求以及特色资源

例如广州的星洲源如意果品市场：由当地居民的煲汤需求形成了国内最大的红枣交易市场之一，并带动了周边养生食材的经营；成都洛带供销社，布局在洛带古镇，在承担传统农资店、庄稼医院服务之外，还依托洛带旅游资源进行特色发展；唐山供销社的特色服务领域为食盐的管理和专营，其布局要考虑食盐的流通和分布，其下设的唐山西三里供销社结合当地靠近山区，以果树种植、畜牧养殖为主的农业特点，发展了万亩无公害农产品示范项目。这都是考虑和利用当地特色需求、特色农副产品资源的例证。

3.4.2 实现产品的产销对接，保证农产品新鲜、安全

要有配套的冷链物流配送项目、农产品采购与配送站。唐山遵化市西三里乡供销合作社由大学生村官高明智领办，实行农产品生产基地＋电子商务模式。同时也考虑需求方的要求来开展布局。广州的小鲜驿站、社区智能保鲜提取柜等的设立都充分考虑居民、机关、学校饭堂等需求方的分布。

3.4.3　交通的便利化

成都崇州供销社的土而奇智慧农业位于重庆路起点；南京农副产品物流中心园区布局也充分利用了宁杭高速、绕城公路等便利交通；吴江区平望镇中心供销合作社位于水路交通枢纽重镇平望镇，其下属的双浜为农服务社地理位置优越，交通便利。

3.4.4　充分考虑当地人口数量和城镇化水平，基本实现全覆盖

广州供销社共有农资店 497 家，配送中心 4 个，农资供应网络覆盖了广州的农业地区。考虑到城乡一体化发展现状，广州的从化、白云建设了村级综合服务社。唐山市也本着覆盖全程，综合配套，便携高效的发展思路布局基层供销合作社。

3.4.5　在有条件的地区，以集中推进实现规模化和集约化

成都市供销社在布局过程中本着成片规划、连片提升、集中发展的思路，形成了 10（综合示范基地）＋7（精品园区）＋3（农业示范带）模式；高密在布局为农服务平台时也本着服务半径达到 3 公里、服务耕地面积 3～5 万亩的思路展开。

3.4.6　充分发挥社有企业、基层社的作用开展布局

广州以社有企业为支撑，以区供销社、基层社为支撑，在特色产业产区领办农民专业合作社，作为供销社参与农业产

业化、专业化的舞台；成都构建了以县级配送中心为龙头、乡镇庄稼医院为骨干、村级农资放心店为基础的农资物流体系；南京供销社依托江宁区社有企业岗山超市207家直营和加盟网点，创建电子商务平台；南京和广州石基镇供销社都对基层社闲置的经营网点统筹开发利用，推进中心镇商贸综合体建设。

3.4.7 以行政村、镇为基础

南京在行政村建立"为农服务社(中心)"全覆盖，开展一村一品一店的网店建设。苏州吴江区平望镇双浜为农服务社，由双浜村村委会和供销合作社联合建成。高密市供销社通过参股领办、与村两委或其他市场主体联办，培育农民专业合作社。在此基础上，按产业类别组建农民专业合作社联合社；以基层社为依托，组织区域内的专业合作社、专业合作社联合社，组建镇级区域性农民合作社联合社。本着社村企共建、产城人融合的指导思想，为农服务中心与社区服务中心比邻而居。唐山玉田县供销合作社按照"政府主导、供销社主办、市场化运作"的思路，统一规划建设县、乡、村三级农村综合服务中心。由基层供销合作社联合村委会、新型农业经营主体等组件村级综合服务中心(站)；由基层供销合作社联合基层农技推广机构、龙头企业等合作组建乡镇综合服务中心；县供销合作社联合涉农相关部门组建县级综合服务中心。

3.4.8 充分考虑和切合中央、省、市相关政策

苏州吴江区七都镇爕烂务农服务中心是由苏州市吴江

区供销社、吴江区旅游局挂钩的薄弱村扶持转化项目；高密市供销社与基层服务型党组织建设、各级党委选派"第一书记"以及扶贫开发等工作有机结合，实现供销合作社基层组织向村居延伸，经营服务向田间地头延伸。

3.4.9　考虑对生态环境的影响

苏州吴江现代农业产业园肥药配送中心选址时就考虑了最大限度减少农业面污染。

3.5　为农服务平台持续运营的保障机制

3.5.1　争取政府政策、规范支持，强化组织领导

与政府部门合作，创新工作机制，建立健全考核机制。广州、高密市人民政府令的出台、广州旧市场的改造、再生资源回收利用体系建设过程中，城市管理委员会出台了相关支持文件；南京市供销社借助政府力量，建设信息高速公路，打造全市"网上供销社"；南京市政府将供销社改革列入政府发展规划中，成立推进供销社改革发展工作领导小组，进行总体安排，分类指导，抓好任务落实。并将其作为街（镇）考核项目；高密市人民政府批示要求各镇街区、市直有关部门全力支持配合，形成推进改革的工作合力。要求市国土局、农业局、建设局、规划局等部门单位配合做好办理用地手续、上报备案手续、房屋建设手续、规划手续等工作；唐山玉田县供销合作社，已与县教育局和各乡镇成教中心联合形成常态化合作，开展科技下乡，科教兴农培训；联合县农牧局、县教育

局等单位，共同打造以农资供应、农化服务、农民培训相结合的综合服务平台。

3.5.2 争取中央、地方等各级财政资金支持，创新资金投入方式

广州市供销社在再生资源回收利用方面，争取财政资金3 000多万元，并吸引社会投资；南京农副产品物流中心的前期投资中政府占股70%，社有企业占股30%。南京市政府在为供销社提供财政资金支持，保证专款专用同时，允许上级社争取的同级财政扶持资金依法以股权形式投入下级社。同时财政支持形成常态化，南京市财政每年以项目的形式对供销社为农服务工作给予专项补助，2016年补助500万元。

3.5.3 培育和发展社有企业，培育龙头骨干企业

社有企业的培育强化企业的辐射功能、销售规模和消费能力，完善现代企业制度，建立市场运行机制。南京市供销社整合系统内外资源，联合各社区力量成立全市供销社系统统一的农业社会化服务专业公司；成都龙泉驿区供销合作社成立了日用杂品公司、嘉禾公司（农资产品溯源系统）、阳稌农业发展公司、农贸市场、农资放心店等；江苏昆山市供销社下属的农业担保有限公司，农户＋担保公司＋银行模式，不需要抵押，为降低风险还可以采取反担保；高密市供销社成立了市供销社资产经营管理公司，与孚高农业服务公司等共同负责建设运营为农服务中心；唐山市遵化市汤泉乡供销合作社，采取龙头企业＋供销系统＋专业合作社＋社员的模

式；高密市供销社党建带社建，社村共建，充分发挥系统农业龙头企业的产业优势，构筑村“两委”、基层供销社、合作社、信用互助组织“四位一体”合作机制。

3.5.4　发展创新农民合作社和经济组织建设

可借鉴江苏吴江区七都中心供销合作总社的“三位一体”模式：经济实体（专业合作社，社有企业等）＋服务载体（服务社）＋合作经济联合体（经济联合社/会等）；南京市供销社成立横溪街道农村合作经济联合会——基层社、农民资金互助合作社、专业合作社联合社的融合。鼓励基层社领办创办一批带动力强的农民专业合作社。探索新型农业合作经济组织。推进供销合作、专业合作、信用合作三位一体改革。依托区级供销合作社联合社及街（镇）农业服务中心，联合供销社基层社、农产品行业协会、农民专业合作社、农业基地、家庭农场及各类涉农服务组织，探索组建区级农民合作经济组织联合会（农合联）；成都崇州创建“农业共营制”：土地股份合作社＋农业职业经理人＋农业综合服务三位一体的“农业共营制”。崇州市供销社总公司参股领办耘丰农机专业合作社，采取劳动合作、资本合作、土地合作等多种途径，采取合作制、股份制等多种形式。

3.5.5　与社会组织、企业合作

广州恒福系，与其他地市有关部门及社会组织合作、广州与中国再生资源协会合作等；成都崇州市土而奇智慧农业园依托惠丰生态农业科技有限公司；宫保府学梅家庭农场依托地震农业有限责任公司；高密市供销社在 29 处乡镇各建

设一处辐射半径为3公里的务农服务中心。各为农服务中心由孚高农业服务有限公司(其参股≤30%)与各镇级农民合作社联合社共同注资成立的分公司负责建设运营实务双线运营机制:以分公司为依托,以为农服务中心为平台开展规模化服务。

3.5.6 人才队伍建设

积极引进各专业领域人才、大学生村官等,与商贸学校、电商协会加强合作。南京市供销社联合周楚新博士,研发了"致富通"农村综合信息服务平台——以信息推动商务服务,通过商务服务促进信息服务,创新创业;高密市政府与供销社共建干部队伍,加强供销社领导班子建设,支持大学生村官参与社村共建工作,大力培育新型农民和农村实用人才,选拔有一定技术服务能力和市场开拓能力的村"两委干部",合作社带头人、农产品经纪人、农产品加工企业主、生产经营大户和社会能人等优秀人才。

3.5.7 与媒体合作,加强宣传推广

成都市供销社与成都传媒集团合作,起到很好的推广效应;高密市充分发挥舆论引导和典型带动作用,培养总结优秀典型,采取经验交流、现场观摩会等方式推广成功经验,利用各种媒体,大力宣传报道好典型、新成果,营造良好的舆论氛围。

第四节　发展思路和主要任务

大连市“为农服务中心”建设是推进现代农业服务规模化的重中之重，在农业服务规模化发展中起着关键作用。在推进“为农服务中心”建设过程中，要坚持量质并举和“政府支持、供销社主办、社会参与、市场化运作”的原则，创新服务内容，延伸服务领域，规范服务方式，提升服务水平，切实做好为农服务工作，让广大农民享受到优质、高效、全面、细致的服务，全力打造出为农民生产生活服务和公共服务综合平台。

4.1　指导思想

深化供销合作社综合改革，必须贯彻落实党的十八大和十八届二中、三中、四中全会精神，以邓小平理论、“三个代表”重要思想、科学发展观为指导，深入贯彻习近平总书记系列重要讲话精神，紧紧围绕“三农”工作大局，以密切与农民利益联结为核心，以提升为农服务能力为根本，以强化基层社和创新联合社治理机制为重点，因地制宜推进体制改革和机制创新，加快建成适应社会主义市场经济需要、适应城乡发展一体化需要、适应中国特色农业现代化需要的组织体系和服务机制。

2016 年中央一号文件中明确提出，“要抓好农业生产全程社会化服务机制创新试点，强化农业社会化服务”。为了打造为农服务综合平台，有效解决服务农民“最后一公里”难题，进一步促进农业增效、农民增收、农村发展，为农服务中心建设已经作为全市深化供销合作社体制改革、构建农业生产全程社会化服务体系的重要举措，并于 2015 年被列为市委、市政府为民办的“十件实事”之一。

到 2020 年，把供销合作社系统打造成为与农民联结更紧密、为农服务功能更完备、市场化运行更高效的合作经济组织体系，成为服务农民生产生活的生力军和综合平台，成为党和政府密切联系农民群众的桥梁纽带，切实在农业现代化建设中更好地发挥作用。

4.2 基本原则

在推进“为农服务中心”建设过程中，要坚持量质并举和“政府支持、供销社主办、社会参与、市场化运作”的原则，要积极引导基层社通过共同出资、共创品牌、共享利益等方式，领办和创办农民专业合作社，使其真正成为以农民为主体的综合性合作社。

坚持为农服务根本宗旨。始终把服务“三农”作为供销合作社的立身之本、生存之基，把为农服务成效作为衡量工作的首要标准，做到为农、务农、姓农。坚持以服务“三农”为宗旨，发挥贴近农村的传统优势，通过多种渠道精心打造“为农服务”大平台。

坚持“政府支持、供销社主办、社会参与、市场化运作”的原则。坚持行政推动与市场化运作相结合，充分整合全市各部门优势资源，打造服务现代农业发展“共同体”，形成推进供销社综合改革的整体合力。将为农服务工作列为“一把手”工程，作为促进农业增效、农民增收的重要举措来抓，为为农服务工作开展提供组织保障。在全面发挥供销合作社自身优势和资源的同时，积极对接农业、农机、水利、财政、住建等相关部门，在资金、项目、土地、税费方面争取政策支持，形成工作合力。坚持市场化运作和公益性服务相结合，进一步提升服务能力和营运水平，提高经济效益，整合各种涉农服务，整合各类经济组织，发挥带动作用，建成农业生产全程社会化服务综合平台。

坚持以改革创新为根本动力，着力增强为农服务的能力。大力推进为农服务中心建设中的体制机制创新，全方位打造经营创新、组织创新、服务创新。坚持市场经济取向，改变传统的经营管理模式，

按照“产业纽带，战略合作，互利共赢”的原则。通过劳动合作、资本合作、土地合作等途径，采取合作制、股份合作制等形式，吸纳各类经营主体加入镇级农民合作社联合社。推进规模化种养、标准化生产、品牌化经营。创建主体多元、功能完备、便民实用的村级综合服务社，提供经营性服务的同时，搞好公益性服务，实现村务、商务、服务“三务合一”服务农民生产生活，改善农村消费和服务环境。拓展为农服务新领域，大力发展农产品电子商务。努力构建为农服务新体系，探索为农服务的新路子。

坚持统筹协调、因地制宜、量质并举、分类指导。坚持量质并举，提升发展质效。以数量与质量并重，促进经营集约

化、服务社会化、产品品牌化，以质量效益增强凝聚力，提高经济实力、发展活力和带动能力。本着因地制宜、多方创办的原则，充分调动社会力量参与，采取多种形式，共同建设农村社区综合服务社。鼓励大胆探索、试点先行，允许从实际出发采取差异性、过渡性的制度和政策安排，给基层更多的选择权，不搞“一刀切”，不追求一步到位，确保改革积极稳妥、有序推进。按照新建、提升、修缮、整合、改造等几种不同创建类型，分期、分类组织实施。使便民服务中心在适应社区发展和消费结构升级需要上，不断增加服务项目，提高服务内涵，真正把为农服务社打造成助农增收的新平台、服务群众的新窗口、和谐社会的新亮点。

4.3 发展目标

力争到2022年，在全市117个涉农乡镇、街道办事处，分别建设1个“三农服务中心”，服务中心建设面积初步设计在1 000～2 000平方米。到2022年，销售营业总收入要达到200亿元，利税总额要达到3亿元；固定资产投资额要达到3亿元，新增营业设施面积要达到4万平方米；新建农产品（农贸）产地批发市场5个，连锁经营网点100个，连锁网点乡镇覆盖率达到90%；新建和升级改造基层社、为农服务中心50个，农民合作社100个，吸纳入社农户10万户，带动农户20万户，帮助农民实现收入20亿元；新建农村电子商务龙头企业10家，电子商务服务中心100个，电子商务服务站1000个。

创新农业生产服务方式，创新农资经营服务模式，打造城乡社区综合服务平台，形成多种经营模式共存的供销社经营组织。到 2022 年，把供销合作社系统打造成为与农民联结更紧密、为农服务功能更完备、市场化运行更高效的合作经济组织体系，成为服务农民生产生活的生力军和综合平台，成为党和政府密切联系农民群众的桥梁纽带，切实在农业现代化建设中更好地发挥作用。

第五节　“为农服务中心”的功能与模式

5.1　功能

从为农服务的基本宗旨出发，在大连市建设集生产服务、生活服务、金融服务、公共服务功能于一体的综合性“为农服务中心”，从而优化整合大连市政府、大连市供销合作社、企业等各方资源，为农业生产、农民生活提供全方位的便捷服务。

5.1.1　生产服务

大连市“为农服务中心”是构建大连市农业社会化服务体系的重要组成部分，在农业生产的产前、产中和产后提供全方位的服务。大连市“为农服务中心”可以为农民提供土地托管、农资直供、农机服务、测土配肥、育秧育苗、病虫害防治、仓储物流等贯穿农业生产全过程的各种服务。

(1) 土地托管。根据农户需求情况，通过统一运作、合同管理，选取保姆式全托管、订单式半托管、劳务托管等方式，为进城务工农民、种植大户、家庭农场等农业经营主体提供代耕代种、统防统治、代收代储等多种托管服务，解决农村“谁来种地，怎么种地”的问题。

（2）农资直供。发挥大连市供销社农资经营优势，依托大连市农家乐农资配送有限公司，开展农资和优质种子的联合采购、统一配送、直供直施业务，把优质廉价的农资和种子送到农民身边。

（3）测土配肥。配备测土配方设备和智能配肥机，为辐射区域开展测土服务和智能配肥服务。根据当地土壤情况，科学配肥，科学施肥，节约化肥使用量，降低农业生产成本，提高使用效益，控制农业面源污染。

（4）农机服务。购置先进农业机械，整合社会农机资源，形成规模化服务能力，提供统一耕种、统一施肥、统一防治、统一收获等服务。同时开展农机展示、销售、存放、租赁、维修等业务。

（5）育秧育苗。从大连市各农村产业发展需求出发，协调引进农业科研院所和高校，依托连市供销合作社联合社控股的大连众帮德宝农业有限公司开展工厂化育苗，为农户提供优质的蔬菜、花卉、果树、水产、家禽等的良种育秧育苗服务，解决农户对优质农作物、水产品种等的秧、苗需求。

（6）病虫害防治。建设病虫害监测、预警、防治信息发布平台，通过微信、短信等方式及时提醒和科学指导农户开展病虫害的防治工作，发生重大病虫害时，及时联系农业专家为农户提供指导并提供除虫除害服务，避免农户出现重大损失。

（7）仓储物流。发挥大连市供销社农产品经营优势，依托大连供销社控股的大连果品集团有限责任公司、大连农家乐农资配送有限公司，配置农产品加工冷藏设施，搞好产销对接，拉伸服务链条，解决农产品储藏和物流配送的问题。

5.1.2 生活服务

“为农服务中心”在解决农民日常生活需求，方便城乡居民生活，促进城乡一体化发展方面发挥相应的作用。“为农服务中心”可以提供日用工业品供应、再生资源回收、邮件快递收发、自助取款缴费等生活服务。

（1）日用工业品供应。发挥大连市供销合作社在联结城乡商品流通上的经销网络和资源优势，为农民提供五金、日化、烟花爆竹等日常用品，满足农民日常生活所需，促进城乡商品流通。

（2）再生资源回收。借鉴大连市供销合作社在废旧物品回收上的成功经验，依托大连市物资回收公司，在“为农服务中心”设立再生资源回收网点，指定专人负责收集交售，解决农村居民售卖废旧物品难的问题。

（3）邮件快递收发。通过与中国邮政集团公司和申通、圆通、天天等快递公司开展合作，在“为农服务中心”设立邮件的代收代发业务，方便农村居民收发邮件。

（4）自助取款缴费。逐步落实大连市供销合作社与大连农商银行签署的战略合作协议，由大连农村商业银行在“为农服务中心”设立自助存取款机，方便农村居民存取款。与中国移动、中国联通、中国电信开展合作，在“为农服务中心”设立自助缴费机，方便农村居民查询和缴费。

5.1.3 公共服务

“为农服务中心”提供的公共服务包括农业政策宣传与

咨询、农业信息收集与发布、农业科技示范与推广、农村电子商务、农村产权交易服务、设施农业建设咨询、职业农民培训、大学生村官创业孵化、抢险救灾物资储备等。

(1) 农业政策宣传与咨询。在"为农服务中心"设立农业政策宣传窗口,通过采用 LED 显示屏、展板、短信推送等多种形式及时将国家、省、市农业政策向农户进行宣传,并开通农业政策咨询专线,解答农民对国家和省、市农业政策上的问题。

(2) 农业信息收集与发布。与中国供销合作网、农业部中国农业信息网、全国农产品批发市场价格信息网、12316 农业综合信息服务平台等开展合作,建立农业信息收集和发布系统,通过 LED 显示屏、短信、微信等形式及时向农户发布大连及全国各地批发市场蔬菜、水果、水产品、花卉等农产品批发市场价格、农产品价格指数、农产品价格分析报告、农业招商信息、农产品展销会等信息,为农户开展农业生产和农产品贸易提供信息服务。

(3) 农业科技示范与推广。在"为农服务中心"以展览、展板的形式对农民进行农业科学知识普及、农业生产技术的推广;定期邀请农业科技专家针对当地产业需求开展农业技术培训;结合当地产业特色和优势,争取农业部、科技部在"为农服务中心"设立农业物联网技术示范、移动互联网农业示范与推广、农业智能设备示范与推广等项目;通过示范、推广促进农业高新技术深入田间地头,转化为农业生产力,提高生产效益,促进当地优势产业持续发展。

(4) 农村电子商务。"为农服务中心"可以成为农村电子商务线上和线下服务的联结体，开展电子商务服务。“为农服务中心”可以依托大连供销电子商务公司，为农民专业合作社、农业企业、农户提供农产品网上销售、农产品线下保鲜储存、物流配送、农产品溯源追踪等服务，解决农产品线下保鲜、运输、食品安全等问题。“为农服务中心”也可以和国内其他大型电商平台合作，提供农产品原产地发货、原产地价格监测、农村市场开发等服务。

(5) 农村产权交易服务。在“为农服务中心”建立大连市农村产权交易服务平台，为大连市农村土地经营权、水面经营权、海域使用权、集体林权等农村产权交易提供政策咨询、信息发布、交易撮合等服务，缓解农村产权交易中的信息不对称，促进农村产权有序健康流转。

(6) 职业农民培训。通过承接科技部、农业部、辽宁省、大连市职业农民培训项目，邀请农业科学技术专家，在“为农服务中心”通过讲座、实地观摩讲解等多种形式，对农民开展培训，培养出一批具备农业科学素质和经营能力、掌握农业生产技术、熟悉农产品市场的新型农民。

(7) 大学生村官创业孵化。结合大连市“三支一扶”高校毕业生计划，为大学生村官提供创业条件，支持和帮助大学生村官结合当地农业生产特色开展创新创业项目，带动当地农村产业发展和农民收入增长。

(8) 抢险救灾物资储备。根据各地农村常发灾情状况，在“为农服务中心”建立抢险救灾物资储备基地，储备一定量的抢险救灾物资，以应对在农村突发的各种自然灾害。

5.1.4　金融服务

“为农服务中心”通过与银行和金融机构开展合作，为农户和金融机构提供金融服务。定期收集农户资金需求意向，为银行和金融机构提供金融需求信息，协助银行和金融机构开发面向农户的金融产品，实现农村金融供需的有效对接。协同银行和金融机构，为农户提供小额信用贷款、农户融资担保、农资分期付款、农业保险等金融服务，从而缓解农村融资难、农民贷款难的问题。

（1）小额信用贷款。通过与大连市供销合作社发起成立的大连西岗中合汇鑫小额贷款有限公司开展合作，在“为农服务中心”设立小额信用贷款办理点，为有资金需求的农民、农民专业合作社、农业企业提供贷款申请、审核等服务。

（2）融资担保。与大连市融资担保公司合作，在“为农服务中心”设立融资担保联系点，为农民、农民专业合作社等进行融资提供担保咨询和服务。

（3）农资分期付款。大连市供销合作社整合社有企业资源，与银行合作，开展农资分期付款服务，在大批量农资销售过程中，对农民专业合作社、农业企业等规模化的农业经营主体开展农资分期付款服务，以缓解其资金压力，推动农业特色产业的持续发展。

（4）农业保险。积极争取和引入开展政策性农业保险的中国人保、中华联合财产保险公司等商业性保险公司在“为农服务中心”设点，开展农业保险的咨询、投保服务，让农民便捷地了解和购买到国家政策性保险；发挥大连市供销联合社系统在互助合作上的优势，探索开展农业生产的“共保经营”和“互助互保”，增强农户联合抵御风险的能力；与大连商品交易所开展合作，开展农产品“保险＋期货”试点，推动实现投保农户、期货公司和保险公司共赢。通过多方参与，创新农业保险方式，减少农业经营主体风险损失，增强农业经营主体抗灾能力，维护农业与农村稳定发展。

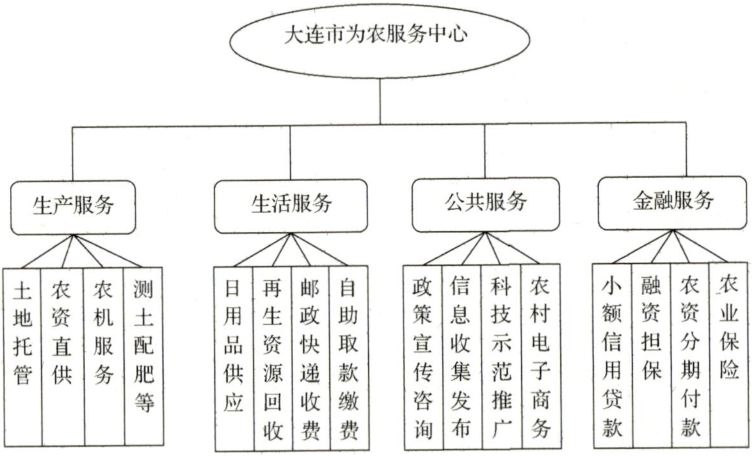

图 4－1　大连市“为农服务中心”功能示意图

5.2　模式

依据“政府支持、供销社主办、社会参与、市场化运作”的原则，借鉴为农服务平台建设先进地市的经验，从大连市农业产业发展和农民现实需求出发，规划“政府＋供销合作社联合社＋供销社基层社（专业合作社）＋农户”“供销合作社联合社＋企业＋专业合作社＋农户”“供销合作社联合社＋农业园区＋农户”三种模式。积极引导供销合作社基层社、农民专业合作社、农业企业、农户等主体通过共同出资、共办共建大连市“为农服务中心”，使其成为各方积极参与、农民认可、互利共赢、持续发展的综合性为农服务平台。

5.2.1　政府＋供销合作社联合社＋基层供销社(专业合作社)＋农户

“政府＋供销合作社联合社＋基层供销社(专业合作社)＋农户”是以大连市政府、大连市供销合作社、基层供销社、专业合作社、农户为主体来构建“为农服务中心”的模式。

在该模式的运营过程中，大连市政府发挥领导、协调和监督的作用，提供政策和财政支持。大连市供销合作社作为主办方，发挥调研论证、建设、运营及评估的作用，从农户的需求出发，带领基层供销社、专业合作社承担“为农服务中心”的建设运营工作。基层供销社、专业合作社发挥与农户联系紧密的优势，具体开展“为农服务中心”的各种服务项目。在资金来源上，“为农服务中心”建设前两年，以政府财政支持为主，此后随着供销合作社、专业合作社经营性服务项目的市场化运行，“为农服务中心”逐步实现自给自足、持续运营和发展壮大。

大连市采用该模式的优势：

(1) 大连市政府的领导、协调和财政支持，有助于整合地方公共资源，充分发挥公共资源在“为农服务中心”建设中的效用。

(2) 大连市供销合作社下属基层供销社共计 87 个，各基层供销社牵头组织与领办 31 个专业合作社。开展业务涵盖日用消费品、农资超市、庄稼医院、农机服务站等多种经营性和公益性服务项目，具有建设和运营“为农服务中心”良好基础和资源优势。

(3) 大连市供销合作社、基层供销社、专业合作社等合作组织，长期以来与农民联系紧密，了解农民需求，为农服务意愿强，具备持续长期开展为农服务的条件。

这一模式适合大连市基层供销社、专业合作社发展较好的乡镇。规划采用该模式在大连瓦房店市开展“为农服务中心”建设试点。

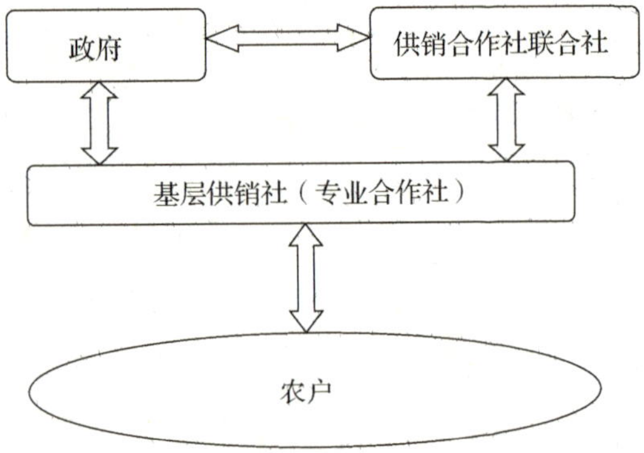

图 4-2 “政府＋供销合作社联合社＋基层供销社（专业合作社）＋农户”模式运行示意图

5.2.2 供销合作社联合社＋企业＋基层供销社(专业合作社)＋农户

“供销合作社联合社＋企业＋基层供销社(专业合作社)＋农户”的模式，是在政府的支持下，由供销合作社联合社、企业、基层供销社(专业合作社)参与构成为农户提供服务的主体，来开展"为农服务中心"的建设和运营的一种模式。

在这一模式的运营中，在大连市政府的财政支持下，大连市供销合作社牵头选择合作企业对"为农服务中心"的服务项目开展市场化的运作。企业是"为农服务中心"市场化运作的主要承担者，以大连市供销合作社参股(或控股)的涉农企业为主，如大连果品集团有限责任公司、大连农家乐农资配送有限公司等。参与的企业也可以是实力雄厚、经营网点遍布城乡、具有为农服务优势资源的非农企业。如中国石油化工集团公司，中国邮政集团公司等。企业的参与必须在政府的领导和支持下，符合相关法律和政策文件。供销合作社联合社在"为农服务中心"建设中发挥总体规划协调、监督评估的作用，督促企业与基层供销社、专业合作社合作开展为农服务。企业发挥其了解市场需求和资源配置效率高的优势，在"为农服务中心"的建设运营中发挥市场信息供给、农业服务提供、农户产销对接等作用，基层供销社、专业合作社通过联系农户和企业来实现信息和资源的有效配置，从而提高为农服务的效率。通过企业的市场化运营，使得"为农服务中心"具备自我造血功能，在大连市政府两年的资金支持之后，可以通过自营收入，独立持续的开展运营。

大连市采用该模式的优势：

(1) 大连市供销合作社具有 11 家社有企业，其中大部分为涉农企业，市场化程度高，经营能力强，了解大连农产品市场需求和农民生产需求，具备提供市场化农业服务的资源优势。

(2) 大连市供销合作社与大连市政府联系密切，有助于在“为农服务中心”的建设和运营中充分利用政策、财政资金等公共资源。

(3) 大连市供销合作社的基层供销社、专业合作社是联结农户和企业的纽带，有助于更好地发挥“为农服务中心”的功能。该模式的市场化程度较高，要求参与企业具有较为完善的为农服务的网点和渠道，适合在供销合作社联合社参股(或控股)的涉农企业、基层供销社、专业合作社发展良好的乡镇采用。

大连市供销合作社正与中国石化燃料油销售有限公司辽宁分公开展合作协商，规划未来共同建设“为农服务中心”，共同打造为农惠农的综合性服务平台。规划依托大连市供销合作社控股的大连果品集团有限责任公司、大连农家乐农资配送有限公司开展这一模式的试点。

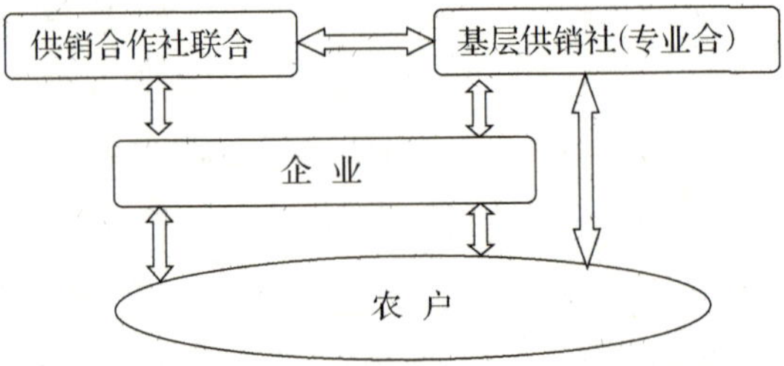

图 4-3 “供销合作社联合社+企业+基层供销社(专业合作社)+农户”模式运行机制图

5.2.3 供销合作社联合社＋农业园区＋农户

"供销合作社联合社＋农业园区＋农户"的模式，是由大连市供销合作社与大连市各种农业园区合作建设"为农服务中心"，从而整合公共资源和市场资源，更加有效地为农民提供服务的一种模式。农业园区是在国家和地方惠农政策的支持下，集农业研究、生产、示范、推广于一体的新型农业组织形式。农业园区包括现代农业示范园区、都市农业示范园区、农业物流园区、冷链物流园区等。农业园区具有开展为农服务的资源优势。

在"为农服务中心"的建设运营过程中，农业园区发挥农业资源集中整合的优势，可以为农户提供农业生产的产前、产中和产后等一系列的服务。供销合作社联合社发挥领办、规划、协调的作用，争取当地政府的支持，与农业园区开展合作，持续建设和运营"为农服务中心"。

大连市采用该模式的优势：

(1) 大连市在瓦房店、庄河有国家现代农业示范园，在金普新区、旅顺口区有国家农业科技园，在建多个都市型现代农业园区及大连冷链物流园区，这些农业园区的发展为建设"为农服务中心"提供了良好的基础和条件。

(2) 大连市供销合作社的基层供销社、专业合作社、控股农业企业与大连市的农业园区有着良好的业务往来和合作关系，在大连市政府的支持下，大连市供销合作社能够与农业园区有效的开展合作、建设和运营"为农服务中心"。

(3) 在大连市供销合作社的协同下，依托大连市农业园区来建设"为农服务中心"能够有效地利用农业园区集成的农业资源优势来开展为农服务，将农户、农民专业合作社和农业园区联系成一个紧密结合的整体，使得农户在产前、产中和产后都能直接的享受到相应的服务，可以有效降低农户的生产成本和流通费用，提高生产效率。

规划大连市供销合作社与国家现代农业示范园（瓦房店、庄河）、国家农业科技园（金普新区、旅顺口区）、都市型现代农业园区，以及大连冷链物流及食品加工园区开展合作，采用该模式试点建设"为农服务中心"。

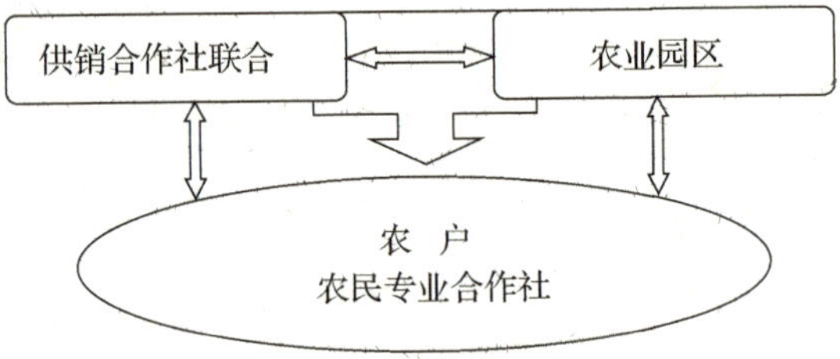

图 4－4　"供销合作社联合社＋农业园区＋农户"模式运行机制图

鉴于大连市各乡镇农业产业发展情况的不同、相关资源和农户需求的差异，在具体建设过程中坚持"因地制宜"的原则，选择适合当地情况的"为农服务中心"模式。根据当地特色产业发展需要，灵活调整，在实践中大胆探索，不断创新为农服务的机制，实现以大连市供销合作社主办，建设一批为农服务中心，形成一张覆盖大连农村的为农服务网的"一社、一中心、一张网"的远景规划。通过试点实践，逐步探索出特色鲜明、成效显著的"为农服务中心"建设与运营的"大连模式"。

第六节　空间布局

6.1　总体布局

在空间布局过程中，主要考虑为农服务中心布局网络的辐射量+服务渗透的厚度，确保为农服务中心的布局形成体系化、规模化。

大连市供销合作社现有甘井子区、瓦房店市等 6 个区市县供销合作社，下属 112 个基层社，182 个农民专业合作社。据此，规划设计在全市 117 个涉农乡镇、街道办事处，普遍建立起“为农服务中心”。其中，在单一乡镇建设的为农服务中心，其面积约 1 000 平方米。其次，根据乡镇、街道规模和实际情况，也可以在相邻几个乡镇、街道建设 1 个“为农服务中心”，其建设面积规划为约 2 000 平方米。具体分布见下图 4 - 5。

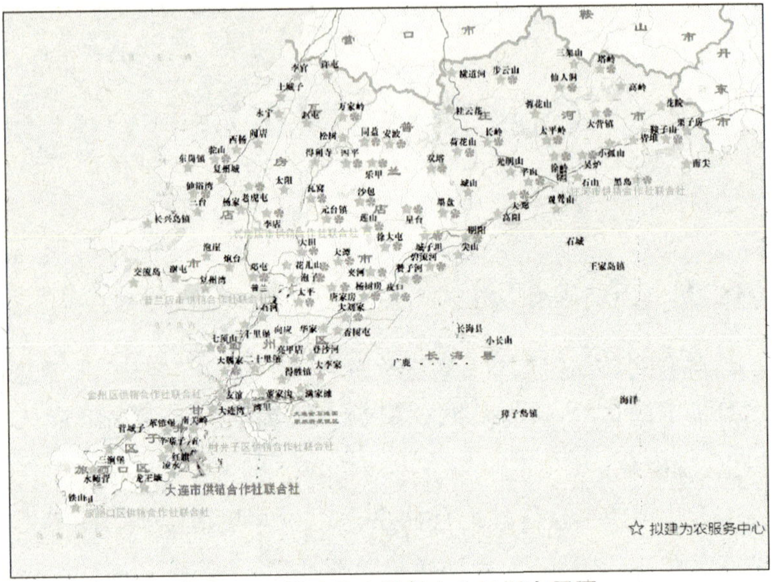

图 4－5　拟建为农服务中心规划布局图

（注：图中的“☆”标注即为拟建的 117 处为农服务中心）

6.1.1 空间布局原则

1. 便民原则

“为农服务中心”的建设布局要按照方便农民生产生活的总体要求展开。要形成“一张网一条龙”，为居民提供便捷高效的生产生活服务，将“便民服务”渗透到产前产中和产后诸环节。

为此，为农服务中心的布局要以每个涉农乡镇为单位，辐射范围在一个自然乡镇内部，距离在 70 公里以内。同时，每个为农服务中心为了保证其服务辐射面和“厚度”，要通过配备为农服务专车，直接进行农资配送，或者进行农业技术服务，将服务直达田间地头，解决为农服务“最后一公里”

问题。

2. 因地制宜原则

因地制宜原则包含两层含义：一方面要充分考虑各乡镇基层社的发展实力；另一方面要考虑当地的特色资源和产业。

结合基层社发展现状，要将为农服务中心建设布局纳入当地小城镇发展规划，优化基层社资源和网络布局。对经济实力较强的基层社（瓦房店）要扩大服务领域，积极发展生产合作、供销合作、消费合作、信用合作，加快办成以农民为主体的综合性合作社；对经济实力较弱的基层社，采取政策引导、项目带动、结对帮扶、引人带资入社等措施，提升、恢复服务农民生产生活的能力；对承包或租赁的基层社，在承包人认可供销合作社章程和为农服务的基础上，采取承包人垫资抵扣承包费的办法，将其纳入供销合作经营服务体系。在没有基层社的地区加快经营服务网点建设，利用供销合作社的无形资产、依托有实力的合作社、合作联合社、专业协会和乡镇农合联等组建新型基层社。积极推进共建服务中心、共建发展项目、共建干部队伍、不断扩大为农服务中心覆盖面，加快为农服务向村居延伸、经营服务向田间地头延伸。

充分考虑涉农乡镇的特色资源和产业，特别要围绕樱桃、苹果、草莓等特色产业，为农服务中心建设过程中要同步搞好产业园建设，推进农业循环经济和新型社区建设。以"产业发展园区化、特色果蔬生产合作化、设备设施标准化、精深加工高端化"等为目的，进一步优化产业布局，形成乡镇街道优势互补、特色鲜明、均衡发展的格局。采取“龙头企业＋合作社(园区基地)＋农户”的为农服务中心运营模式带动农民致富。推进农村土地集约化生产、规模化种植、品牌化经营，适应农业现代化发展要求。

3. 可持续发展原则

为农服务中心建设布局的可持续发展原则是指为农服务中心在提供服务的同时，要具备“造血”的经营性：具备内生长续发展的能力。根据这一原则，要求在全市各级供销系统自有或联办的，具有“当家”服务功能的、已具备一定为农服务能力的合作社、社有企业(农家乐农资配送公司、果品集团公司、圣达置业公司、日杂总公司、众帮德宝农业有限公司等)中择优选择，采取联合、投资、政策扶持等方式，予以重点培植发展。要加大县级农业服务公司的培育和建立，由其牵头引领为农服务中心建设。通过内引外联、联合合作、转型升级和配优资源，着力增强服务竞争力，扩大市场份额，提高盈利水平，打造县级为农服务体系的龙头。在此基础上成立市农民合作社联合社，建成以农民合作社为主要服务对象的生产服务部、现代流通部、合作金融部和综合服务中心。这些部门要具备较强的经营能力，具有一定的赢利能力，为持续的提供为农服务提供经济基础。

可持续发展原则也是为农服务中心仅布局到涉农乡镇一级，而未深入到村的原因之一。由于我市农村劳动力外出务工比例达到近70%，“地多种地人少”是最大的实际问题。农村常住人口多是老弱病残人士，劳动能力比较弱。如果将为农服务中心布局到村，会造成资源浪费。同时，为农服务中心难以与专业合作社、社有企业等联合，缺乏经营性，不利于为农服务中心的可持续发展，不利于为农服务的持续供给。

6.1.2 布局考虑因素

为农服务中心是大连市供销合作社为农服务供给侧改革的重要载体和推手。因此其布局除了从宏观层面要遵循便民原则、因地制宜原则和可持续发展原则之外，还要从我市及各(区)市县的实际情况出发，充分考虑为农服务中心的布局要满足各地各城乡居民多层面，全方位的需求。

(1) 如何实现产品的产销对接，产商对接。各为农服务中心要围绕大连市各(区)市县的优势产业和优质特色农产品，以基层供销社为依托，通过参股领办等手段，培育发展各类农民专业合作社。以解决“谁来种地”“怎样种好地”的问题。在此基础上，按产业类别组建农民专业合作社联合社，由此提高专业合作社的组织化程度和服务能力。提高农民的组织化程度，促进农业产业化经营。着力延长产销服务链条，逐步由一产业向二三产业延伸，扩大农业的增值空间。对托管的苹果等经济作物，实行就地加工冷藏，推进农超对接、农批对接、农商对接(依托大连农产品新春展销会等形式)。突出优化产业布局、构建多元发展方向、推广先进模式三大重点。

(2) 如何结合现代化的农业物流体系，形成“共建共荣”格局。要将为农服务中心布局纳入到供销合作社农产品现代流通体系建设中。其布局要助力形成多个公益性农产品批发市场、跨区域、综合性大型现代农产品交易中心和现代物流配送中心。并借助冷链物流园区的优势，大力发展农产品冷链物流，加大预冷储存、冷链运输、加工配送等设施建设力度，提高鲜活农产品流通水平。为农产品的产供销提供场所。

(3) 如何借力电子商务推动传统流通网络融合发展。为农服务中心的建设布局与运营，可探索通过“实体＋网络”虚实结合的方式，依托供销电子商务公司、农家乐公司、众帮德宝公司等建立起物流配送、电子商务、为农服务于一体的综合平台。致力于如何在特色优质农产品生产、仓储地（瓦房店苹果，庄河草莓、大骨鸡，金州大樱桃等特产地）通过组建区域性、专业性电子商务平台进行交易。加快实施与电子商务相匹配的线下资源改造工程，按照标准化和信息化进行夹层经营服务网店的建设和布局。开辟农产品进城和工业品下乡双向流通新渠道。将网上交易、线下仓储物流、终端配送、实体销售一体化经营。规划到 2022 年，新建农村电子商务龙头企业 10 家，电子商务服务中心 100 个，电子商务服务站 1 000 个。

(4) 要充分考虑当地人口数量和城镇化水平，基本实现对农业地区和城镇居民全覆盖。为农服务中心的布局要本着统筹整合资源，致力于城乡社区综合服务平台的建设。统筹整合城市供销合作社资源，发展城市商贸中心和经营服务综合体，完善配套服务功能，提升城市供销合作社沟通城乡、服务三农的辐射带动能力。各级供销合作社联合设有企业参与美丽乡村建设，在农村建设规范的再生资源回收网点，存进资源循环和高效利用。结合地区特色，培育新兴产业。推动龙头企业向生态养生、休闲观光、乡村旅游、文化传播等一切有市场、有潜力的农业产业化和社会化服务领域发展，不断拓展经营服务领域。截至2022年，争取供销社参办领办新建农产品（农贸）产地批发市场5个，连锁经营网点100个，连锁网点乡镇覆盖率达到90%。

（5）如何充分发挥社有企业的作用。在为农服务中心布局运营过程中，各级供销合作社要着力于培育发展具有核心竞争力的农资、农产品、日用品、再生资源、烟花爆竹等现代化流通企业，带动全系统为农服务网络的整合。要形成以骨干企业为载体，以优势品种为依托，以资产为纽带，多形式、全方位加强各层级社有企业间的业务联结。促进跨区域横向联合和跨层级纵向整合，建立共同出资的投资服务平台，实现资源共享，共同发展，不断壮大社有龙头企业为农服务实力。积极推动与系统内外连锁企业的合作，实现联合采购，充分利用品牌资源改造现有网点，着力发展统一配送、连锁经营，迅速提升现有网点的经营服务水平。

6.2 试点先行

在实现以上目标之前，要根据总体布局、试点先行的思路，前期拟选择金州（中石化加油点、冷链物流园区）、普兰店（农家乐莲山农资配送中心、供销裕农食品公司（拟））、庄河（丰大农业为农服务中心）、瓦房店（大连宝坤农产品购销专业合作社、天陆科技生态示范园）为试点区域，以现有资产为基础，整合相关资源，建设“为农服务中心”试点，随后以点带面，逐步在全市铺开。

在试点的选取和建设过程中要充分体现“1＋X”的思路：每个试点在创新性的做大做强其传统优势的前提下，根据为农服务中心四位一体提供生产服务、生活服务、金融服务和公共服务的功能定位，扩展其业务内容内涵，最终建设成为具有示范性、带动性的为农服务中心试点。具体的试点建设布局思路如下：

（1）依托农家乐农资配送公司的网络优势，继续开展和完善农资供应配送服务。可重点试点和扩大莲山农资配送中心、瓦房店老虎屯农资物资中心的服务内容，增加为农的生活服务和金融服务，详见图 4－6。特别是依托莲山地处大连市中心地带，紧邻皮长高速等优势，扩大其配送范围。进一步完善其测土配送技术，可考虑与农业技术服务中心（类似庄河市农家乐现代农业服务中心形式）合作，以 70 公里为

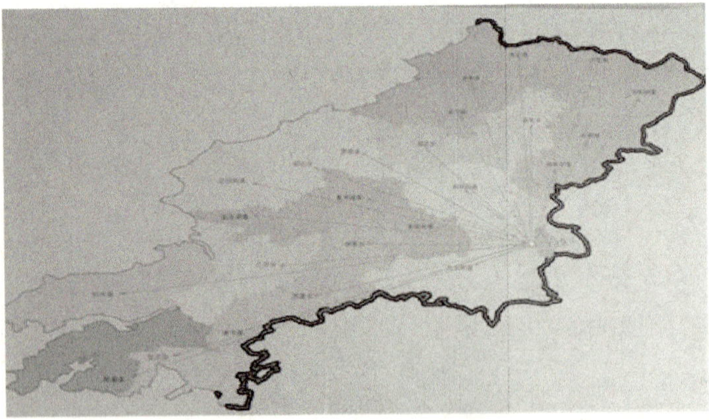

图 4－6　瓦房店市农资物资中心农业技术服务网络图

最大辐射半径，扩展其服务范围。在这些规模较大的农资配送中心，首先试行农产品质量检测和农资溯源体系建设（会员制，与金蝶软件合作开发溯源软件等），通过质量保证体系建设和完善树立供销合作社信誉和品牌。

（2）以庄河市丰大农业为农服务中心为试点，在扩展其提供专业的现代农业技术业务内容基础上，尝试将此模式推广至其他市县。争取到 2022 年，在每一个市（区）都建立一个规模类似，功能齐全的农业服务中心，详见图 4－7。做好农技推广、农资供应、信息咨询、农业技术服务等农化服务。每一个现代农业服务中心配备 3～4 辆测土配方、病虫害防治

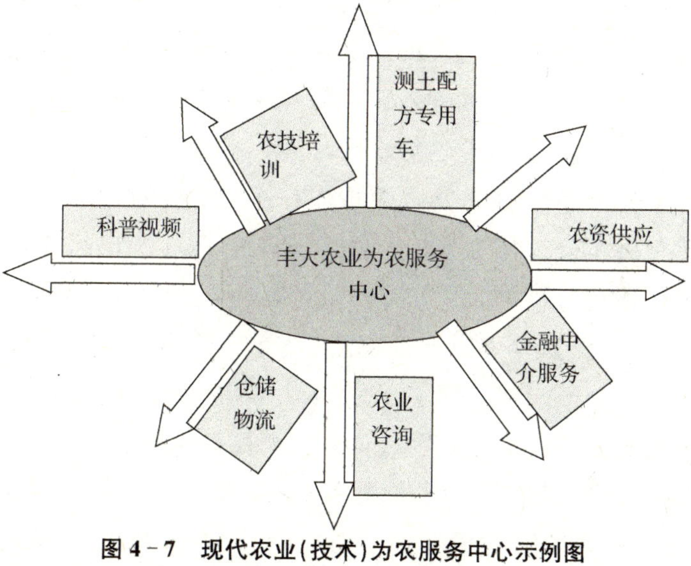

图 4－7　现代农业（技术）为农服务中心示例图

（注：科普视频、农技培训、测图配方、农资供应等为丰大农业为农服务中心的传统业务内容；仓储物流、农业资讯、金融中介服务等为后续要丰富的为农服务内容）

专用车，可以直接深入到田间地头开展农业技术服务，力争其辐射范围最远达到70公里。同时探索在这些农业服务中心引入电商系统，利用“网络＋实体”的模式，丰富其服务内容，拓展其服务深度。

(3) 围绕特色优质农产品资源的全程服务，试点特色明显的专业性为农服务中心。一方面要推进农业专业合作社试点发展，推进电子商务发展。在现有的农业专业合作社中，可将凤百年大骨鸡专业合作社、大连云山红水果专业合作社、大连宝坤农产品购销专业合作社、天陆科技生态园作为试点专业合作社。将其纳入到为农服务中心建设的规划中，通过这些专业合作社的规范化发展，带动周边农业的规模化、现代化和专业化发展。要进一步完善农业专业合作社与龙头企业的合作(如大连云山红水果专业合作社与大连馨香果品有限公司、大连宝坤农产品购销专业合作社与宝昌果业有限公司等)。另一方面要探索在专业合作社以及龙头企业建立果蔬仓储中心(可参考宝昌果业有限公司的模式)。同时加强与社有的果品集团公司所有的农产品交易中心、供销农产品公司和供销电子商务公司合作，实现“实体＋网络”的布局和服务模式。其中，凤百年大骨鸡专业合作社作为农村电商的先行先试点要重点扶持。利用该电子商务平台，提供农资、农副产品和日用消费用网上交易和综合服务。争取到2022年形成可供借鉴的农村电商模式，降低为农服务中流通成本，实现线上线下融合发展，打造全新的“网上供销合作社”。同时与总社、省社电商平台业务搞好对接。

(4) 以骨干企业为龙头搭建平台、整合资源，试点发展跨行政区划的综合性为农服务中心。以天陆农业科技生态园、众帮德宝农业有限公司等龙头企业为依托，试点发展跨行政区划的综合性为农服务中心。为大连市矮化苹果、矮化樱桃技术的示范范推广发挥作用。争取到2022打造成现代农业设施精品园区。建成矮化苹果示范区120亩，建成矮化大樱桃温室种植试验示范区50亩；完成休闲农业设施600亩，带动周边2 000余农户增收致富。借鉴天陆农业科技生态园发展模式，引导和推动一批龙头企业向生态养生、休闲观光、乡村旅游、文化传播等一切有市场、有潜力的农业产业化和社会化服务领域发展。同时要探索进一步整合涉农龙头企业、农民合作社等资源，加强与上海罗森、亚惠快餐等企业联合合作，开展冷链食材配送业务，逐步探索实践农产品“从田间地头直到餐桌”的全新流通模式。

(5) 依托(普兰店)莲山农资配送中心推动供销裕农食品公司的建设和发展。利用该公司开展草莓冷加工，配备专业的厂房和冷库，带动周边农户进行草莓种植，莲山农资配送中心为农户提供测土配送、高质量的地膜，提高草莓的产量和质量。通过裕农食品公司将草莓进行深加工，一方面提高了草莓的附加值，另一方面带动周边就业。探索裕农食品公司＋草莓生产基地＋周边就业的模式，争取到2022年将该种模式推广到苹果、樱桃生产基地，并结合大连周边县市区农业发展的特色，探索龙头企业＋(果蔬)专业合作社＋基地的模式，详见图4-8。

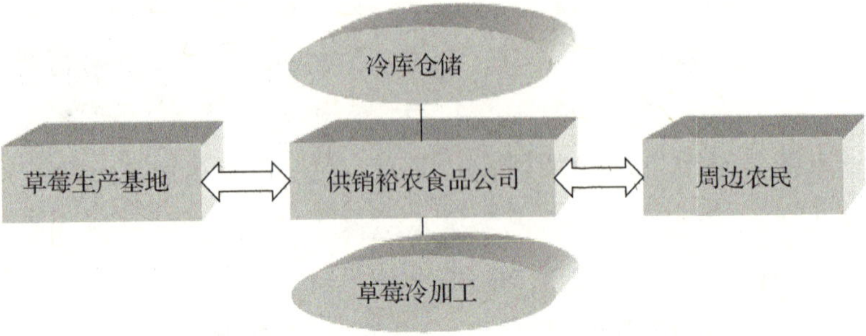

图 4－8　供销裕农食品公司为农服务模式

(6) 利用现有的小额贷款公司，试点发展创新型的农村金融服务，解决农民融资难问题。优化小贷公司产业发展，利用小贷公司发展农村合作金融。加强与有条件的基层供销合作社（瓦房店、金州等基层社）合作，发展社员制、封闭运行的农村资金互助合作。还可以在这些地区尝试依法设立农村互助合作保险组织，开展互助保险业务。尝试设立融资租赁公司、融资性担保公司。为城乡居民的创业项目、农业专业合作社、为农服务企业提供融资担保。做好落实政府支农、惠农政策的实体，并继续加强与农业银行、邮政储蓄银行等金融结构的合作。大力发展涉农普惠金融服务。

(7) 利用中国石化燃料油销售有限公司辽宁分公司与大连市供销合作社的合作契机，试点将中石化的销售网络纳入“为农”综合服务体系的发展规划中。通过充分发挥双方各自的优势，强强联手，共同打造“惠农”综合服务平台，将清洁能源配送、农副产品购销、农资产品供应、互联网电商和金融服务等项目融入其中，在目标区域设点，将服务送入农村的千家万户，切实走好、走实为农服务的“最后一步”。

第七节 保障措施

7.1 建立健全组织领导机构

设立大连市“为农服务中心”建设工作领导小组，市政府分管副市长为组长，市发改委、农委和供销合作社为副组长，市财政、金融、水利、农业开发等相关单位人员为成员，协调解决建设工作中的重大问题。领导小组办公室设在市发改委，相关工作部门设在市供销合作社，负责对项目建设进行统筹协调和日常督促检查，负责《大连市“为农服务中心”建设规划(2017—2011)》制定、组织指导、协调管理、督促检查等日常工作，研究解决工作推进中出现的新情况、新问题。各乡镇(街区)也要建立相应组织领导机构和工作机制。要层层制定5年、10年发展规划和年度推进目标，使大连“为农服务中心建设”有条不紊健康发展。

7.2 制定落实各项优惠政策

按照职能分工，落实好市供销合作社综合改革相关配套措施，形成推进市供销合作社综合改革的合力。对已出台的政策，要逐项进行梳理，加强监督检查，确保落实到位。中央及省财政下拨的项目资金、补助资金等，市、区两级财政按规定配套资金。大连市财政对“为农服务中心”建设项目给予重点扶持，每年拨付财政专项资金。要加大对为农服务工作的支持力度，所需要的非农建设用地，在符合土地利用规划、城市规划和农业相关规划的前提下优先安排；对实行土地托管服务的片区，优先安排土地综合整治、水利设施配套、田间林网建设、高产模式推广等工程项目，保证农机补贴等政策落实；鼓励机关工作人员到镇、村领办农民合作社和为农服务公司，开展农业服务规模化和农村流通现代化等服务，其身份和待遇原则上 3～5 年保留不变，同时按其领办的合作社和企业经管业绩领取相应报酬。

7.3 强化典型示范带动作用

要突出重点、培育典型、打造亮点，每个县市区至少建设一处规模大、项目全、有形象的“为农服务中心”，以点带面，示范带动，推进面上工作开展。认真总结为农服务建设工作中涌现出的好经验好做法，通过对比算账、现场观摩、经验交流、新闻报道等多种形式，广泛宣传“为农服务中心”在增收节支、提高劳动效率等方面的政策措施和重要意义，引导广大农村干部群众认识“为农服务中心”的优越性，带动更多农民合新型农业经营主体加入服务的行列，加快推进为农服务工作健康有序开展。

7.4 整合资源全面深入推进

全面协调供销、农业、农机、金融、水利、海洋渔业、科技、劳动保障、民政、气象、体育、教育、文化、卫生等部门，全员动手，各方协力，供销搭台，合作唱戏。财改、发改、农业、国土、科技、水利、粮食、农机、气象和金融等部门要充分发挥职能作用，主动支持、密切配合供销合作社等经营主体开展为农服务工作。农业、农机、金融等部门的延伸网点进驻为农中心，积极承办政府及有关部门委托的事项，为各类送服务下乡提供服务窗口，以方便农民。注重充分发挥供销合作社、村“两委”、农民专业合作社和信用互助组织的各自优势，着力构建“四位一体”的工作机制，合力推进现代农业服务规模化。“为农服务中心”的组建，由市联社统一组织，农业、农机、金融等部门的延伸网店一并进驻“为农服务中心”，为农服务中心由所在乡镇(街区)提供土地，基层供销合作社、有关公司、合作社及村委共同参与建设，本着新建、改扩建相结合的原则，以新建为主，充分整合现有资源，采取前厅＋后院的形式，前厅主要是提供信息、咨询、中介、产品展示、日用品、农资经营等相关内容；后院主要是从事粮食储存、农机具存放、维修、农产品加工仓储等活动。

7.5 大力加强人才队伍建设

支持大学生村官参与社村共建工作，吸收高校毕业生到“为农服务中心”工作，选拔德才兼备、有一定技术服务能力和市场开拓能力的村“两委”干部、合作社带头人、农产品经纪人、农产品加工企业主、生产经营大户和社会能人等优秀人才，按照开放办社、自愿协商的原则，采取聘任、挂职等方式，吸纳到为农服务队伍中来。对在“为农服务中心建设”中成绩突出的单位和个人予以表彰，对被动应付、影响建设的单位和个人给予通报批评或严肃处理。

第五章

基于第四方物流的大连水产品冷链物流发展模式研究

第一节　引言

1.1　选题背景

随着我国经济、社会的快速发展，消费者对食品的需求已经开始从温饱型向健康品质型转变。水产品因其味道鲜美、营养价值高，越来越受到广大消费者的青睐。水产品消费量和流通量的快速增长也带动了水产品冷链物流业的快速发展。目前，水产品冷链物流业已经成为我国物流业发展最快的行业之一。

然而，目前中国水产品冷链物流还存在诸多问题，不断增加的水产品需求量和流通量对冷链物流提出了更高的要求。根据2010年国家发展改革委公布的《农产品冷链物流发展规划》，目前我国水产品冷链流通率仅为23%，冷藏运输率为40%，然而，在欧洲、美国、加拿大、日本等发达国家和地区，肉禽冷链流通率已经达到100%，相比之下，我国水产品冷链流通比例远远落后于发达国家。我国冷藏设施整体规模不足，人均冷库容量仅6.76公斤，冷藏保温车占货运汽车的比例仅0.3%，且一半以上的冷库已经使用了近30年。冷链基础设施设备的落后、物流过程管理的不足以及冷链标准体系的缺失都严重影响着我国水产品冷链物流的发展。

大连作为我国海洋资源最为丰富的城市，是我国北方最重要的水产品生产基地和流通基地。长期以来,大连市始终强调要利用大连的海洋资源优势,发展蓝色经济建设,形成特色鲜明、辐射面广、带动力强的海洋产业集群。但大连市海洋经济整体质量不高、一二三产比例失调、缺乏核心竞争力等问题依然严重,大连市急需海洋经济的破题之作。

加快大连市海洋经济的发展,水产品冷链物流是基础。但是,在我国水产品冷链物流相对落后的大环境下,大连水产品冷链物流的发展也受到了限制。因此,为了降低水产品流通过程中的成本和损失率,有效保障水产品的品质,提高大连的水产品竞争力,建立具有大连特色的水产品冷链物流模式迫在眉睫。

1.2 研究的目的和意义

1.2.1 研究目的

冷链物流已经被欧美等发达国家和地区广泛采用,在食品和物品的运输过程中发挥着不可替代的作用,为国民经济的发展作出了很大贡献。但我国的冷链物流发展空间还很大,尤其是在大连这样的重要的沿海港口城市,冷链物流的发展尤其重要。本文在充分了解国内外相关研究的基础上对水产品、冷链物流及水产品冷链物流的概念进行了界定;通过各种途径查阅资料,分析总结大连水产品冷链物流的发展现状以及发展过程中存在的问题;总结并分析了国内外冷链物流的发展模式,从中吸取经验;立足大连现状,提出了具有大连特色的冷链物流发展模式,希望为大连水产品冷链物流的发展提供参考。

1.2.2　研究意义

在经济全球化和信息化的背景下，冷链物流在国民经济发展中起到了举足轻重的作用。冷链物流作为现代物流的重要部分，必须提高到重要的战略地位。

1. 理论意义

在我国，对冷链物流的研究开始的比较晚，针对水产品冷链物流的研究更是少之甚少，研究成果分散且薄弱。本论文在综合考察国内外水产品冷链物流的发展现状的基础上，借鉴国内外先进的水产品冷链物流发展模式，结合大连地区的现状，尝试性地对大连水产品冷链物流模式进行了创新性研究。

2 现实意义

从现实意义来讲，对大连水产品冷链物流模式进行探索研究，有利于降低水产品的生产和流通成本，提高生产和流通效率；有利于促进渔民增收以及水产品物流企业的发展；有利于加快水产业的现代化进程，提高大连水产品的国际竞争力。

1.3　国内外相关研究综述

1.3.1　国内相关研究综述

由于受经济、社会等各方面因素的影响，我国的冷链物流起步较晚，发展缓慢，而且技术水平较为落后。20 世纪 50 年代冷链物流开始发展。1982 年《食品卫生法》的颁布使冷链物流开始被人们熟知，并且逐渐步入规范有序的发展阶段。目前，国内对冷链物流的研究比较少，总体上没有形成完整的理论体系。我国冷链物流建设在二十多年的发展历程中取得了较大进展，但相比发达国家还处于相对落后的状态。

现阶段我国对冷链物流的研究主要集中在三个方面：对国内冷链的发展现状以及存在问题的研究，对冷链技术的研究，对冷链物流模式的研究。

1. 关于国内冷链的发展现状以及存在问题的研究

李海涛、包特力根白乙①在分析中国水产品物流发展现状和主要问题的基础上，总结出中国水产品物流主要有“以批发市场为中心”“以中介组织为中心”和“以物流园区为中心”三种类型的发展模式。立足我国实际，为中国水产品物流发展提出了几条切实可行的对策建议：政府要以科学发展观为指导，积极推动水产品物流发展；充分发挥协会作用；加快信息化建设；建立水产品生产与流通的质量保证体系；大力发展专业化水产品物流的第三方物流；注重水产品物流的研究和专业人才的培养。

吴稼乐、孔庆源、陈坚、朱富强②对水产品冷链物流的定义、重要性以及发达国家水产品冷链物流的特点进行了阐述，并分析了我国水产品冷链物流存在的主要问题及对策。

① 李海涛，包特力根白乙. 中国水产品物流模式研究[J]. 商业经济，2008(19).

② 吴稼乐，孔庆源，陈坚，朱富强. 我国水产品冷链物流发展规划若干问题的探讨[J]. 制冷，2008(3).

在建立水产品冷链物流建设的机制上，建议加快建立六项机制：龙头企业机制；渔户和加工业与流通业的经营诚信监控机制；冷链物流体系信息网络资源共享网络和信息泄密风险机制；三个区域的水产品质量监督互认机制；防止行业恶性竞争机制；专家型咨询机构跟踪运行状态政策机制。

胡亚东、杨兴丽[①]指出水产品冷链物流是指水产品从产地捕获后，在产品加工、贮藏、运输、分销、零售等环节始终处于适宜的低温控制环境下，最大限度地保证水产品品质和质量安全，减少损耗，防止污染的特殊供应链系统。在阐述了我国水产品冷链物流发展现状的基础上，分析了我国水产品冷链物流发展中的问题并给出了相应的对策。

芦亚丰[②]对国外发达国家冷链物流发展的经验做出了总结，运用大量数据，从社会经济和社会文化两方面分别阐述了我国发展农产品冷链物流的条件和现状，并由此分析出我国发展农产品冷链物流面临的问题，再通过模糊层次分析法得出冷链物流发展的影响因素，进而提出相应的结论和对策。

2. 关于冷链技术的研究

张小栓、邢少华、傅泽田、田东[③]主要对水产品冷链的技术现状、发展趋势和发展对策做了分析，他们认为，随着无线

① 胡亚东，杨兴丽. 水产品冷链物流发展浅议[J]. 河南水产，2011(1).

② 芦亚丰. 我国水产品冷链物流现状及问题浅析[J]. 中国渔业经济，2012(3).

③ 张小栓，邢少华，傅泽田，田东. 水产品冷链物流技术现状、发展趋势及对策研究[J]. 渔业现代化，2011(3).

传感器网络（WSN）技术和射频识别技术（RFID）发展和结合，冷链监测技术将会实现智能化。随着生物传感器、微生物 TTI 等技术的发展，水产品冷链的可监控指标将走向多元化。

应海盛、俞树彪[1]根据水产品冷链物流理论，总结了舟山水产品冷链物流系统的技术支撑，包括信息技术、温控技术、RFID 技术、追溯技术，具体分析了舟山水产品冷链物流系统的网络平台及其结构提出要继续建设和完善舟山水产品冷链物流运营的网络系统。

陈晓凤[2]提出物联网技术在水产品冷链物流中的运用。作者认为，物联网技术能很好地解决水产品冷链物流生产、运输、加工、仓储和销售环节中存在的供求信息不对称、水产品质量难以保证等问题。

3. 关于冷链物流模式的研究

赵小鹏[3]深入分析了大连市食品冷链物流市场的供需状况，指出大连市食品冷链物流发展存在的主要问题。然后，在分析总结了中国现有的食品冷链物流网络模式基础上，提出了适合大连市食品冷链物流的一体化网络服务模式，并从降低运输配送成本的角度出发，建立了 LRP 模型，以期在保

---

① 应海盛，俞树彪. 舟山水产品冷链物流系统建设问题探讨[J]. 中国渔业经济，2010(6).

② 陈晓凤. 物联网技术在水产品冷链物流中的应用[J]. 物流工程与管理，2011(12).

③ 赵小鹏. 大连市食品冷链物流市场的供需状况[J]. 中国渔业经济，2008(7).

证准时供货的前提下，使整个冷链物流网络的运作成本达到最小；最后，针对大连市食品冷链物流发展存在的问题，给出了相应的建议和对策。

王帅[①]阐述了冷链物流和水产品冷链物流的定义，总结了水产品冷链物流的特点和相关理论。并重点对青岛市发展水产品冷链物流进行了 SWOT 分析，指出了青岛市发展水产品冷链物流的必要性。通过对青岛市水产品冷链物流的需求情况和市场供给能力的分析，指出了青岛市水产品冷链物流发展中出现的问题，针对出现的问题对未来青岛市水产品冷链物流的发展提出建议和对策。

顾玲丽[②]对江西省发展水产品冷链物流做了具体的 SWOT 分析，运用敏捷配送和延迟的思想，简化水产品流通模式，提出水产品冷链物流可与电子商务和农超对接模式相结合，从而达到控制成本的目的。

孙小婷、胡胜德[③]采用层次分析法（AHP），构建了我国企业冷链物流绩效评价的指标体系，并选取完达山乳业股份有限公司进行实证分析，对完达山乳业冷链物流绩效进行评价，分析了完达山乳业现阶段选取具有互补性的自营冷链物流模式与第三方冷链物流模式相结合的物流模式的合理性。在此基础上，对四种冷链物流模式加以分析，运用现代二维

① 王帅．青岛市水产品冷链物流的发展对策建议[J]．中国渔业经济，2011(4)．

② 顾玲丽．江西省水产品新冷链物流模式探索[J]．中国渔业经济，2011(3)．

③ 孙小婷，胡胜德．第三方物流企业绩效评价研究[J]．中国集体经济，2010(15)．

决策理论构建了企业冷链物流模式选择决策路线，并根据此决策路线，为果蔬等初级农产品、乳制品及医药用品等行业冷链物流模式的选择提供了参考意见。

杨丽娟、吴健、张繁伟[①]指出湛江市的冷链物流模式主要有两种：一种是以大型鲜活水产品批发市场为依托的物流运作模式；另一种是以水产品生产加工企业为主导的物流运作模式。通过研究现有运作模式，分析冷链物流的生产、流通、加工、储存等各个环节存在的问题，并对湛江市水产品冷链物流体系的构建进行了探讨。

宫敏丽、金汉林[②]分析了国内外发达地区冷链物流的发展历程，借鉴国外冷链物流发展中的经验，在对舟山水产品物流发展现状分析的基础上，对舟山水产品冷链物流一体化做了可行性分析，提出对舟山水产品冷链物流实行一体化模式构建，并提出相应的对策。

殷露[③]典型的国外水产品冷链物流模式：北美模式、东亚模式和西欧模式进行了详细的阐述，并且仔细地分析了我国的四种主要冷链物流模式——以第三方物流企业为核心的模式、以连锁超市为核心的模式、以批发市场为核心的模式、以加工企业为核心的模式。最后提出我国水产品冷链物流需要寻求新模式，将电子商务与冷链物流相结合，创建第四

---

① 杨丽娟，吴健，张繁伟．湛江市水产品冷链物流体系构建的探讨[J]．物流科技，2013(7)．

② 宫敏丽，金汉林．基于供应链机制下舟山水产品冷链物流模式选择及对策[J]．农村经济与科技，2013(3)．

③ 殷露．我国水产品冷链物流新模式[J]．中国渔业经济，2014(3)．

方物流平台。在企业资金不够充足的情况下，将政府、银行、质检机构、交通运输机构等部门吸收进第四方物流平台，由政府与企业共同承担建立、引导和监管这一平台的职能。尝试性地在市场培育方式和物流发展模式上实现跨越式发展。

梁东晖[①]结合水产品冷链物流的特点，重点运用流程分析方法和价值流分析方法对水产品冷链物流的冷链流程和价值流进行深入的分析和研究，在此基础上从生产管理、库存管理、配送管理、质量管理四个方面对水产品冷链物流的价值流进行优化和改进。论文构建了一条高效、安全和精益化的水产品冷链物流体系，并给出了发展精益水产品冷链物流的措施和建议。

姜涛[②]基于相关理论基础和国内外的研究成果，针对山东半岛水产品冷链物流存在的问题，从山东半岛发展条件、外部宏观环境、内外在优势、劣势、机遇和挑战三个方面完成战略逻辑分析；从基本价值链、无形价值链和资源转化活动三个方面构建了独特的行业价值链，并进行价值增值过程分析；从总体战略、战略目标、战略重点和战略支撑四个方面构建了山东半岛水产品冷链物流发展战略体系，得到最终结论。

关于冷链物流，国内的研究更多的集中于对我国冷链物流现状的分析、对先进冷链物流技术的应用和对冷链物流模

---

① 梁东晖．山东半岛水产品冷链物流存在的问题和对策建议[J]．物流工程与管理，2014(12)．

② 姜涛．山东半岛水产品冷链物流发展战略研究[D]．北京：北京交通大学，2014．

式的探索设计。关于水产品冷链物流的研究更多的是针对某一地区的实证研究，但是针对大连地区物流模式的研究较少。本人认为要想建立好大连水产品冷链物流模式，不仅要考虑大连冷链物流的现状，更应该向国内外先进的冷链物流模式看齐，寻求技术、资金或管理基点，实现跨越式发展。

1.3.2 国外相关研究综述

19 世纪上半叶冷冻剂的发明推动了冷链的产生。随着电冰箱走进千家万户，各种保鲜和冷藏食品的需求不断扩大。20 世纪 30 年代，欧美等发达国家的冷链体系初步建立，40 年代，由于二战的爆发，欧美的冷链体系被摧毁，但二战过后又很快重建。

1958 年，Arsdel 等人依据大量的实验资料，总结了保证冷冻食品质量的时间(Time)、温度(Temperature)、产品耐藏性(Tolerance)的容许限度，即著名的“3T”理论。该理论为冷链物流的研究奠定了基础，随后欧美国家关于冷链物流的研究开始活跃起来。Zaur 等补充提出“3P 理论”(原料(Products)、包装(Package)、加工工艺(Processing))和“3C”原则[冷却(Chilling)、小心(Care)、清洁(Clean)]。这些理论不仅成为了冷链设施遵循的理论技术依据，更为冷链的发展和完善作出了很大贡献。

1959 年美国皮尔斯柏利公司与美国航空和航天局联合开发航天食品时，创造了 HACCP 食品安全管理体系，即危害分析与关键控制点(Hazard Analysis and Critical Control Point)体系，该体系是一种科学、简便而且实用的具有预防性质的食品安全质量控制体系，现被世界各国所采用。

20 世纪 60 年代，日本对冷链技术进行了系统研究。《低温管理食品的品质管理方法及低温流通设施完善方向》《低温链指南》等相关文件的先后颁布及推广推动日本生鲜食品的冷链保鲜技术进入了基本完善的阶段。

2003 年美国成立了由航空公司，卡车运输商、地面搬运商和设备生产商组成的冷链协会(CCA)，主要研究易腐货物的相关问题，宗旨是提升对温度较敏感或易腐类产品的运输服务。2004 年，冷链协会发布了《冷链质量指标》(CCQI)，用以测试企业在处理、运输和贮存易腐货物操作中的可靠性和熟练程度，为整个易腐货物的冷链认证奠定了基础。

Victoria Salin 等围绕美国马铃薯贸易联盟仔细讨论了跨国公司在向发展中国家出口农产品时存在的问题，主要包括:冷链物流技术是否成熟、冷链物流的服务水平对于农产品定价的影响完善冷链物流基础设施的重要性等问题。

Evren Sahin 等为了方便人们理解时间温度集成技术(TTI)所提供的信息，根据 TTI 所提供的食品新鲜度和货架食品的剩余量的信息，建立了一个能够对降低物流成本和提升服务质量进行评价的体系，并创建了模型。

Loannis Manikas 等通过整理物流配送和绩效管理方面的文献，发现对于生鲜果蔬配送中心的研究很少且分散。于是他们评估了目前英国的生鲜果蔬配送中心的业务，并且分析了这些配送中心在物流方面所存在的主要问题。

Verena Raab 等对肉类供应链的温度监测进行了研究。在比较了现有的温度监控系统的基础上，确定了肉类供应链的最佳温度监测系统。对于不同组织以及组织内部在实施温度监测系统时所遇到的问题做了详细的描述。关于温度监测系统实际实施时所遇到的问题，没有在其他文献中得到广泛的讨论，所以作者的这一研究对于在发展中的肉类供应链温度监测指导方针作出了很大的贡献。

随着世界经济的高速发展，目前，欧美等发达国家已经形成了相当成熟和完善的冷链物流体系，食品冷藏率接近100%。政府制定了完备的法律法规，先进的冷链设施设备技术，都使欧美国家冷链物流的发展保持世界先进水平。

第二节　水产品冷链物流的基础理论

2.1　相关基本概念

2.1.1　水产品的概念

水产品是指海洋和淡水渔业生产的动植物及其加工产品的统称。鲜活水产品，可分为鱼、虾、蟹、贝四大类。鱼类有鲈、鲑、甲鱼、鳗、石斑、黄鲳、左口、真鲷、三文鱼等；虾类有澳洲、新西兰大龙虾、台湾草虾、竹节虾、沼虾、河虾等；蟹类有中华绒螯蟹、美国珍宝蟹、皇帝蟹、膏蟹、清蟹等；贝类有加拿大象鼻蚌、蛏、蚝、蛤等。

2.1.2　冷链物流的概念

冷链物流(Cold Chain Logistics)又称低温物流，泛指冷藏冷冻类食品在生产、贮藏、运输、销售，到消费前的各个环节中始终处于规定的低温环境下，以保证食品质量，减少食品损耗的一项系统工程。

冷链物流是随着科学技术的进步、制冷技术的发展而建立起来的，是以冷冻工艺学为基础、以制冷技术为手段的低温物流过程。冷链物流比一般常温物流系统的要求更高、更复杂，建设投资也要大很多，是一个庞大的系统工程。

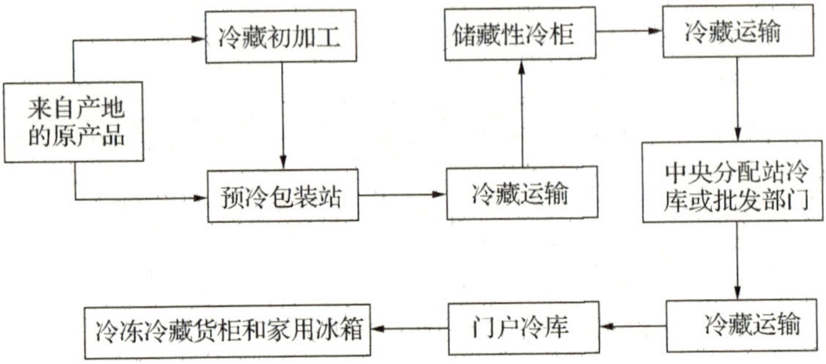

图 5-1　冷链物流的流程图

2.1.3　水产品冷链物流的概念

水产品冷链物流，顾名思义，是指水产品的生产、加工等环节，以冷链技术和信息网络作为技术支持的低温物流形式。

本文所涉及的水产品冷链物流是指为了满足消费者的需求，水产品从产地捕捞后，在产品的加工、贮藏、运输、销售等一系列过程中始终处于适宜的温度控制下，保证水产品质量安全、保持其营养价值不流失，并防止产品被污染的科学管理的供应链系统。水产品冷链物流是冷链物流与水产品物流的有机结合，是适应社会发展需要的新的物流方式。

2.2　基础理论依据

根据物流作业承担者的不同，以及相关组织在物流过程中所扮演的角色不同，可以将物流形式分别称为不同方物流。第一方物流(the First Party Logistics，1PL)是指由物资提供者自己承担向需求者送货，以实现物资的空间位移的过程。第二方物流(the Second Party Logistics，2PL)是指由物资需求者自己解决所需物资的物流问题，以实现物资的空间位移。第三方物流(Third Party Logistics，3PL)是指由物资流动的提供方和需求方之外的第三方去完成物流服务的运作方式。第三方就是指提供物流交易双方的部分或全部物流功能的外部服务提供者。第四方物流(Forth Party Logistics，4PL)是为上述整个供应链提供整合管理服务的。

2.2.1　第三方物流理论

20 世纪 90 年代以来，随着市场竞争的加剧以及对效率的追求，使得在组织之间的社会劳动分工日趋细化。企业为了提高自己的核心竞争力，越来越愿意把自己不熟悉的业务分包给其他社会组织承担。在此背景下，第三方物流作为一种新兴的物流模式受到了广泛的关注。

第三方物流是指生产经营企业为集中精力搞好主业，把原来属于自己处理的物流活动，以合同方式委托给专业物流服务企业，同时通过信息系统与物流企业保持密切联系，以达到对物流全程管理控制的一种物流运作与管理方式。第三方物流的特点如下：

(1) 关系契约化。首先，第三方物流是通过契约形式来规范物流经营者与物流消费者之间关系的。物流经营者根据契约规定的要求，提供多功能直至全方位一体化物流服务，并以契约来管理所有提供的物流服务活动及其过程。其次，第三方物流发展物流联盟也是通过契约的形式来明确各物流联盟参加者之间权责利相互关系的。

(2) 服务个性化。首先，不同的物流消费者存在不同的物流服务要求，第三方物流需要根据不同物流消费者在企业形象、业务流程、产品特征、顾客需求特征、竞争需要等方面的不同要求，提供针对性强的个性化物流服务和增值服务。其次，从事第三方物流的物流经营者也因为市场竞争、物流资源、物流能力的影响需要形成核心业务，不断强化所提供物流服务的个性化和特色化，以增强物流市场竞争能力。

(3) 功能专业化。第三方物流所提供的是专业的物流服务。从物流设计、物流操作过程、物流技术工具、物流设施到物流管理必须体现专门化和专业水平，这既是物流消费者的需要，也是第三方物流自身发展的基本要求。

(4) 管理系统化。第三方物流应具有系统的物流功能，是第三方物流产生和发展的基本要求，第三方物流需要建立现代管理系统才能满足运行和发展的基本要求。

(5) 信息网络化。信息技术是第三方物流发展的基础。物流服务过程中，信息技术发展实现了信息实时共享，促进了物流管理的科学化、极大地提高了物流效率和物流效益。

2.2.2 第四方物流理论

第三方物流使企业能够在一定程度上摆脱传统物流的束缚，因而受到了企业的广泛欢迎。然而第三方物流所提供的服务往往局限于仓库代理、运输代理、通关代理等具体的局部业务，缺乏对整个供应链进行运作的技能和真正整合供应链流程的相关技术，很难给企业客户制定合理的物流解决方案。因此，第四方物流应运而生了。

1998 年美国埃森哲咨询公司首先提出了第四方物流(下

文简称 4PL）的概念并注册了该术语的商标。埃森哲公司将第四方物流定义为："一个调配和管理组织自身的及具有互补性服务提供商的资源、能力与技术，来提供全面的供应链解决方案的供应链集成商"。

4PL 帮助企业实现降低成本和有效整合资源的目的，并且依靠优秀的第三方物流供应商、技术供应商、管理咨询以及其他增值服务商，为客户提供独特的和广泛的供应链解决方案。与第三方物流能提供低成本的专业服务相比，4PL 能控制和管理整个物流过程，并对整个过程提出策划方案，再通过电子商务把这个过程集成起来，以实现快速度、高质量、低成本的物流服务。因此，4PL 的发展满足了整个社会物流系统的要求，最大限度地整合了社会资源，减少了货物流通时间，提高了物流效率，也减少了环境污染。

第四方物流的特点：

4PL 具有区别于其他服务商的两大特点：一是 4PL 提供的是全面的供应链解决方案，二是 4PL 是通过影响整个供应链的能力提供价值。4PL 的具体特点如下：

（1）集约化、信息化。4PL 的经营集约化是指通过专业化和规模化运营使物流更快、更省，降低客户物流成本，提高产品的竞争力，这一特征已经成为 4PL 具有强大生命力的重要保证。

（2）综合性。4PL 的特点之一是提供了一个综合性供应链解决方案，以有效地适应需方多样化和复杂的需求，集中所有的资源为客户完善地解决问题。

（3）低成本、高效益。4PL 是通过影响整个供应链来获得价值，即其能够为整条供应链的客户带来较好的收益。

(4) 规范化、标准化。物流管理的规范化和标准化，可以大大方便各个物流企业之间和各个物流功能主体之间的相互协调配合。对于4PL，由于交易的多重性，物流管理的规范化和标准化就有着更加重要的意义。4PL的发展加速了整个物流行业标准化和规范化的进程。

(5) 国际化。4PL是在经济全球化的大趋势下出现的，因此，它具有国际化的特点。4PL的国际化主要表现在以下几个方面：物流市场国际化；服务需求国际化；物流支持系统国际化；供应链管理国际化；营造企业文化的国际化。

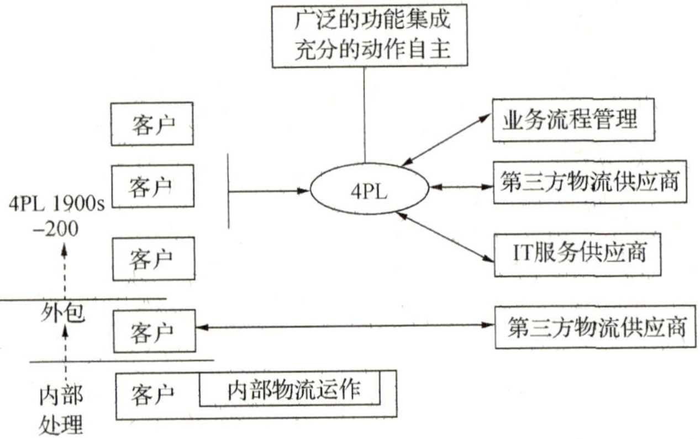

图 5－2　物流发展图

第三节　国内外水产品冷链物流的发展模式经验借鉴

3.1　国内水产品冷链物流的发展模式经验借鉴

3.1.1　以第三方物流企业为核心的模式

在以第三方物流企业为核心的模式中，第三方冷链物流企业巧妙地解决了水产品的加工配送过程中涉及的诸多问题。第三方冷链物流企业作为一个独立的能够提供完备高效的冷链活动解决方案的专门的个体中间商，在本模式中起到了纽带作用，把生产企业、加工企业、批发商、零售商与消费者紧密地联系起来。水产品的生产企业、加工企业、批发商和零售商与第三方冷链物流企业签订契约，将他们的部分或全部的水产品物流活动委托给第三方冷链物流企业来完成。

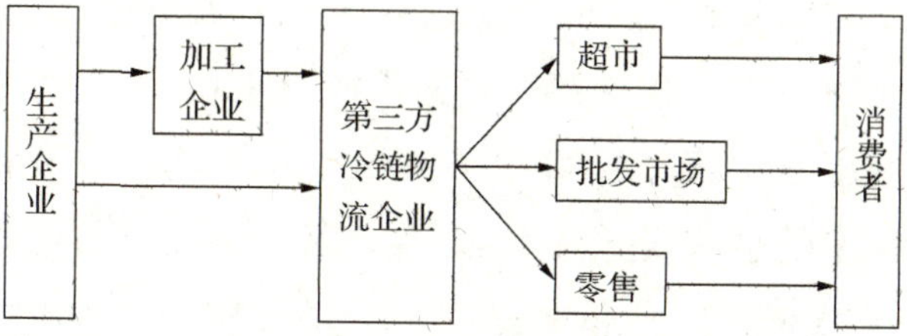

图 5－3　以第三方物流企业为核心的模式流程图

此类物流模式的优点：

(1) 第三方冷链物流企业配备了专业的信息化设备，在物流活动中，便于查询水产品的库存、运输状态、温度控制等相关的物流信息，从而保证最大的降低产品的损耗。

(2) 第三方冷链物流企业承担了整个冷链活动，有利于提高冷链物流运作的效率；有利于更好地满足消费者的要求；有利于生产企业和加工企业减少对冷链设施设备的资金投入；有利于生产企业和加工企业把人员、资金等投入到企业的核心业务中，以此来提高企业的核心竞争力。

此类物流模式的缺点：

(1) 我国的第三方物流发展还不完善，在信息系统建设、专业化服务和管理水平等方面还存在许多问题。

(2) 对于生产加工企业而言，此种模式给企业带来许多潜在的风险。例如这种模式削弱了企业对冷链物流活动的控制能力，甚至可能有物流失控的风险，同时也不利于企业机密信息的保密等等。

3.1.2 以大型连锁超市为核心的模式

近年来，随着我国经济的快速发展，人们开始倾向于在超市购买水产品。在以大型连锁超市为核心的模式中，连锁超市建立的专业的水产品加工及配送中心起到了连接上、下游的重要的纽带作用。第一，它向上游延伸，与水产品的分散的养殖用户、生产加工企业签订合同，同这些水产品供应商建立稳定的合作关系。第二，它向下游延伸，通过自己的专门的水产品配送中心向连锁超市以及其他的水产店铺配送高质量的水产品。大连地区的大商集团就是这种模式的代表企业之一。

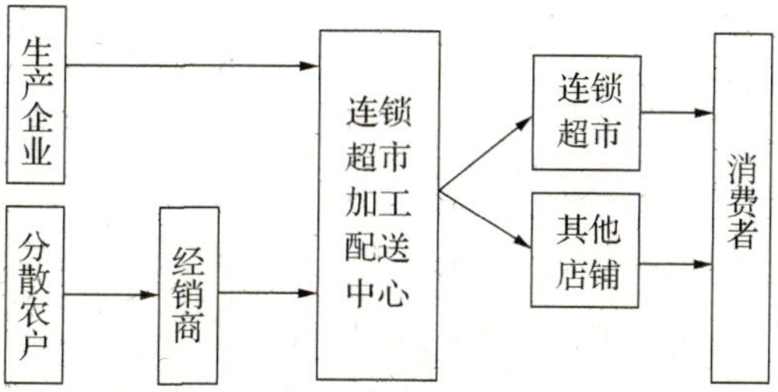

图 5-4　以连锁超市为核心的模式流程图

此类物流模式的优点：

(1) 连锁超市建立的专业的水产品加工及配送中心负责对水产品进行分类、加工、包装和配送等增值业务，有利于保证水产品的质量，有利于增加供应链整体的资产回报率。

(2) 配送中心建立了为冷链物流服务的信息平台，提高了连锁超市与供应商交易的透明度，为双方互信互助的合作关系的稳定奠定了基础。

(3) 配送中心拥有完善的信息管理系统，负责对水产市场信息的采集与分析，保证信息及时有效的传递给合作伙伴，这有利于对消费者的需求变化做出快速反应。

此类物流模式的缺点：

冷链物流不是连锁超市的主营业务，并且水产品仅仅是连锁超市所经营的众多品类中的一部分，而且配送中心会占用大量的人力和资金，这可能会影响连锁超市的其他经营项目。

3.1.3 以批发市场为核心的模式

批发市场是我国目前水产品销售的主要途径。我国的水产品生产是建立在小规模经营的基础上的，主要是由分散的个体户自主生产，批发市场同我国的经济发展状况相适应，成为水产品的集散地。水产品批发市场分为产地批发市场和销地批发市场。产地批发市场是水产品生产商和批发商的交易平台，销地批发市场是水产品批发商和销售商的交易平台。较前者而言，销地批发市场的规模更大、设施更完善、发展潜力更大。目前以批发市场为核心的模式主要是指以销地批发市场为核心的模式。

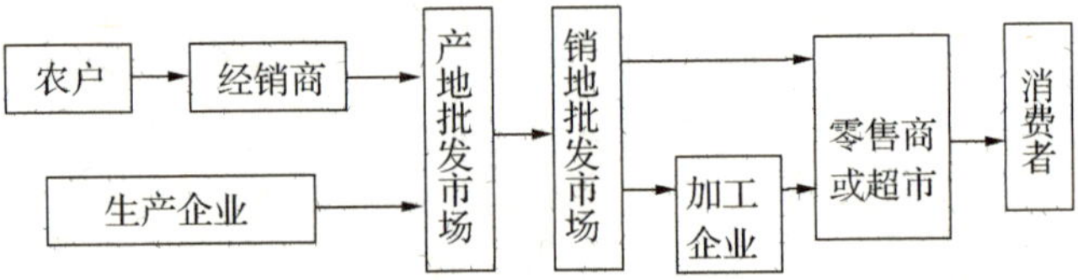

图5-5 以批发市场为核心的模式流程图

此类物流模式的优点：

此模式有利于水产品的质量、价格、工序等信息在供应链内部的加工、处理和交换，为水产品交易稳定持续地进行提供了保障。

此类物流模式的缺点：

(1) 水产品的冷链运输都由销售者承担，专业的冷链物流设备较少，很难实现冷链物流的全程控制。

(2) 物流环节多，包括：生产商与批发商之间、批发商与加工企业之间、加工企业与零售商之间等等都需要冷链物流活动的支持，大大降低了流通的效率，提高了物流成本，难以实现物流活动的全程监管。

(3) 我国目前的水产品批发市场在管理水平和服务内容上都与现代批发市场相去甚远。

3.1.4　以加工企业为核心的模式

水产品加工企业大多生产单一的或几种产品，多数属于专业化的加工型企业。为了将企业做大做强，加工企业利用自身的企业资源建立物流中心，并向供货商和销售商延伸，逐渐形成以加工企业为核心的冷链物流供应链。

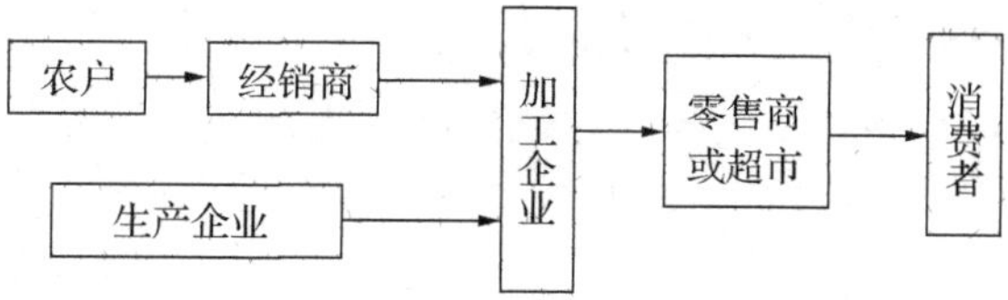

图 5-6　以加工企业为核心的模式流程图

此类物流模式的优点：

(1) 物流环节相对较少，有利于实现冷链物流的全程监控，使水产品质量得到保障；有利于信息的及时传递，使各方对市场变化迅速作出反应。

(2) 加工企业与农户通过签订契约来规定双方的权利和义务，这样就可以用较少的投入来获得稳定的水产品供应来源，也能够减少农户的市场风险。

此类物流模式的缺点：

企业承担着对冷链物流活动管理的责任，既要管理生产，又要从事技术研究和推广等多方面的问题，提高了加工企业的管理成本和运作风险。

3.2 国外水产品冷链物流的发展模式经验借鉴

3.2.1 美国模式

美国幅员辽阔、人口稀少的特点决定了美国的农产品生产以高度专业化、机械化和规模化而闻名。美国的物流发展历史悠久，在其先进和完备的物流理论的指导下，美国建立了高效、庞大、协调、灵活的冷链物流体系，并形成了独具特色的发展模式。美国模式的水产品大部分是通过大型超市送达消费者手中，还有一部分借助批发市场或对外贸易流通。

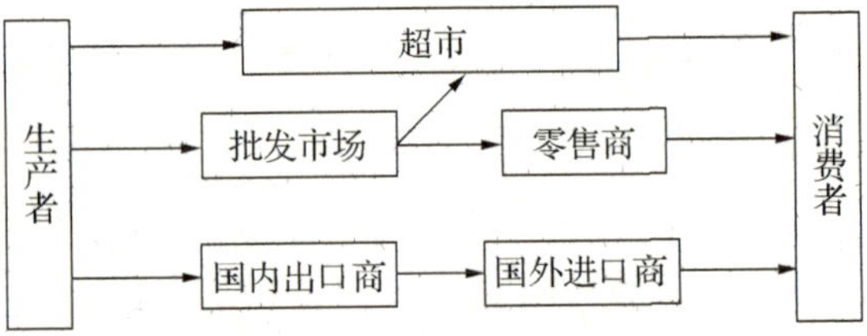

图 5－7　美国模式流程图

美国模式的主要特点是：

(1) 冷链物流基础设施发达。在基础设备方面，大力推广通风、气调、保温、冷板等多种专业的冷藏箱设备及机冷式冷藏集装箱设备，其中冷藏集装箱多式联运方式的采用是冷链物流界的一个重大突破。在技术保障方面，利用条形码、EDL、RFID 等先进物联网技术和信息技术对冷链物流全过程进行有效的监控管理，降低了物流过程中的差错率，并从多个角度达到降低物流成本的目的，极大地提高了冷链物流运作水平。

（2）信息化程度高。20世纪90年代以来，随着计算机和互联网技术的发展，美国农业信息化开始了自动化管理和网络应用阶段。发达的信息流基础更令美国的冷链物流发展如虎添翼。各类方兴未艾的商业网站和信息咨询公司为物流信息的传播提供了便捷。

（3）冷链物流组织化和专业化程度高。美国的水产品供应链实现了产销一体化，保障了水产品生产、加工、储藏、运输这一系列过程的全方位的专业性。农业协会对冷链物流的高效运行也起到了极为关键的作用。

3.2.2　日本模式

日本作为一个海岛国家拥有十分丰富的水产资源。日本模式主要以拍卖为手段、以批发市场为渠道来完成水产品的生产、运输和销售工作。

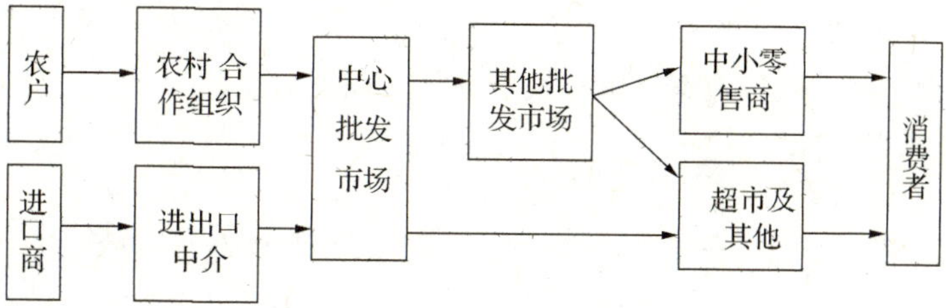

图5-8　日本模式流程图

日本模式的主要特点是：

（1）日本模式最大的特点是以批发市场作为主要流通渠

道。日本模式非常注重批发市场的培育和完善。日本大型批发市场功能齐全、实力强大.如东京中央批发市场——筑地市场,它拥有拍卖大厅、批发商店以及冷库、停车、管理服务用房三个部分,经营的农产品包括水产、蔬菜和水果,具有产品集散、价格形成、服务、结算和信息功能。

(2) 农业合作组织在实现水产品冷链物流的过程中起到了重要作用。农业合作组织将小而分散的农户整合起来,由农业合作组织直接组织水产品的运销供应,节约了交易费用,降低了分散农户单独进入市场的风险,有效地保障了水产品的顺利流通。

(3) 政府充分发挥统筹安排的作用,实施市场管理。日本政府颁布了一系列规章制度来规范水产品的流通。1971年修订了《中央批发市场法》,后改为《批发市场法》。此法规对水产品批发市场的开设、规划、运营、监督、审议等方面的活动做了详细规定。同年,日本还颁发了《批发市场法施行令》《批发市场法施行规则》,1991年制定了《食品流通审议会令》等。这一系列法规的出台保护和明确了批发市场的地位,规范了批发市场的开设、管理与经营制度。

3.2.3 荷兰模式

荷兰位于欧洲的中心,利用这一有利的区位优势,荷兰的农产品物流业非常发达,向世界各地配送了大量优质的农产品。荷兰模式的特点是大规模生产和分散农户生产相结合,其中大规模生产占主导地位。与日本模式相比较,在荷兰模式中批发市场的流通比例较小,并且大多数是公益性批发市场；与美国模式相比较，荷兰模式的生产规模较小。在荷兰，超市零售业发展相当迅速，形成了连锁集团，它们一般都建立有自己的配送中心。

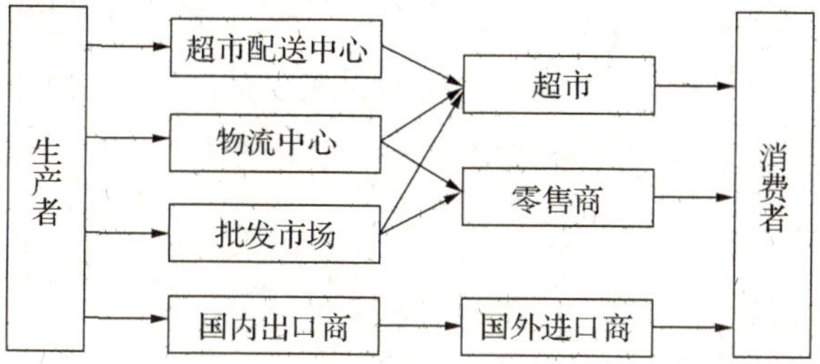

图 5-9　荷兰模式流程图

荷兰模式的特点是：

(1) 拥有专业的农产品物流中心。农产品物流中心的主要职责是集中、分散、协调各农产品的物流活动。荷兰农产品物流的中心是鹿特丹，还有其他主营不同农产品的物流中心。快捷、高效的冷链物流使得荷兰以发展鲜活农产品而闻名。

(2) 注重发展冷冻储藏业。目前，荷兰的冷链物流已经发展的较为完善，大多数冷冻公司都有先进的现代化的制冷和冷冻设备，农产品的储存、运输和配送得到了充分的保障。

(3) 电子化、信息化程度高。荷兰的花卉和园艺中心拥有最先进的拍卖系统、新式电子交换式信息和订货系统，通过电子化农业产品物流园区和配送中心向全球许多国家的广大客户和消费者提供服务。

3.3 小结

上述总结的国外的水产品冷链物流模式都是各地区立足本地区的地理、经济、政治、技术等的实际情况，在长期的探索和努力下形成的成熟模式。因此，我国发展水产品冷链物流不能照搬照抄国外的模式，只能有选择地借鉴它们的成功经验。

上述国内的各种模式也是在不同地区、不同行业的环境条件下逐步发展形成的。这四种模式对于处于核心位置的企业要求较高，一般由实力雄厚，发展成熟的企业带头建立相应的冷链模式。

综上，要建立具有大连特色的水产品冷链物流模式必须充分了解分析大连地区的实际情况。

第四节 大连发展水产品冷链物流的现状及问题

4.1 大连发展水产品冷链物流的现状

大连，位于中国东北辽东半岛最南端，西北濒临渤海，东南面向黄海，有包括大小岛屿260个，是中国辽宁省的一个重要沿海港口城市，拥有十分丰富的海洋资源，水产业与渔业形成良好的产业链接，发展势头迅猛，水产品以其高产量和高质量闻名国内外。随着全国各大城市对冷链物流的关注，大连市的冷链物流也开始逐步发展。

1998年，海南至东北的“海上绿色通道”投入建设。“绿色通道”的开通，为我国南北鲜活产品往来贸易提供了十分便利的条件，受到广大人民的欢迎。大连中海物流有限公司、大连港集装箱综合发展公司和沈阳铁路局营运总公司共投资700万元人民币，合作成立了大连中海港铁冷藏运输有限公司，该公司的成立进一步打通了冷藏集装箱进入内陆的通道。

2003年11月，大连港集发物流有限公司和美国Y.D. International. INC共同组建了一家以冷藏货物存储与中转和冷藏集装箱堆存、维修与检验为主的专业第三方物流公司。2004 年 8 月，该公司冷冻冷藏库项目一期工程在大连国际物流园举行隆重的开工典礼，这标志着大连口岸将拥有第一座万吨冷库。该项目于 2006 年 4 月竣工，本次修建的冷库自动化程度高，库内采用专业的物流设备，配合功能强大的管理软件，符合当前流行的货物管理模式。冷冻集装箱重箱采用当今世界上最先进的远程中央监控系统。该项目的成功运行填补了大窑湾港区没有公共冷藏服务的空白，并将使大连口岸成为整个东北地区进出口冷藏货物的集散地。

据不完全统计，目前大连市有物流及物流相关企业 1 300 余家，其中具有一定规模的物流企业约 200 多家。然而，这些第三方物流企业基本上都不具备完善的冷链物流服务网络，冷链物流更多是由食品企业自主运作，专业化程度比较低，物流成本相对较高。

2005 年，大连市出台了《大连市现代物流发展规划》，该规划指出，大连市发展现代物流业的目标定位和战略构想之一为：建设水产品物流中心和水果蔬菜物流中心。这为大连市冷链物流的硬件设施建设提供了政策保证。

2007 年 1 月，大连市具有国际现代化标准，国内唯一的鲜肉全程冷链化项目在棒槌岛食品集团肉联厂正式竣工投入使用，它标志着棒槌岛鲜肉实现了从生产、交易到零售终端的全过程冷链化。由大连市政府和棒槌岛食品集团联合投资 600 万元兴建的冷链库房，占地面积 900 m^2，日处理能力为 200 吨猪肉。目前，棒槌岛集团已经配备了 30 余台冷藏车为市内 50 余家具有终端销售冷链的超市及商场专柜送货。

大连市的水产品冷链物流主要涉及海洋捕捞、水产养殖、水产加工、冷冻仓储、冷藏运输等。目前大连市水产加工业年加工能力 110 万吨以上。冷冻仓储主要在辽渔集团冷冻厂、大窑湾冷库群，冷冻仓储能力 25 万吨。

2014 年大连市水产品出口额首次突破 20 亿美元，占全国水产品出口额的 1/10。大连市水产品贸易已遍布全世界 100 多个国家或地区，其中日本、韩国、美国、加拿大等为大连市水产品出口的主要市场。

在技术环境方面，大连市不仅拥有大连大洋运输冷冻工程有限公司，大连雪山冷冻设备制造有限公司等生产冷藏车、制冷机等冷藏设备的制造商，而且还有大连理工大学、大连海事大学和大连海洋大学等一批高校，对物流以及制冷工程等冷链物流相关的理论进行研究。

大连市在冷链物流的硬件设施设备建设、技术资金投入、政策支持等方面已经作出了很多努力，但如何充分利用这些设施设备，并以最佳的物流手段实现水产品的加工、储藏、运输、销售等环节，尚待进一步研究实践。

4.2 大连发展水产品冷链物流的主要问题

在水产品从捕捞到“餐桌”的过程中，冷链物流依旧存在一些问题。

1. 尚未形成独立完整的水产品冷链物流体系

一套完整的水产品冷链物流体系指的是：水产品“从捕捞到餐桌”的整个过程，也即水产品的捕捞、加工、贮藏、运输、销售，直到送达消费者手中。这个过程中的冷链需要养殖捕捞业、水产品加工业以及物流配送等相关企业的共同配合，以便提高水产品冷链物流的运作效率，同时保证水产品的品质。目前，大连水产品冷链物流中，各部分不能密切配合，造成“断链”。每年大连市因为缺乏冷链保证而导致损失的水产品大约为70%左右，造成巨大的经济损失。另外，水产品冷链物流发展分散、不平衡，也是一个影响因素。最后，国内水产品冷链物流行业缺乏统一的行业执行标准，这也阻碍了大连水产品冷链物流发展的步伐。

2. 水产品冷链物流的管理水平有待提高

目前，我国的冷链物流相比欧美等发达国家的发展来说，我国还处于一个发展的起始阶段。冷链物流相关技术标准还没有统一，相应的规章制度和法律条例也不完善，市场运营还没有步入规范标准的运行轨道上。大连市为鼓励发展冷链物流，近年来颁布了一些冷链物流标准，如《大连市物流业发展规划》等。但是大连的水产品冷链物流行业在整体上的相关立法空白，只有一部分大型企业根据自身运营的需要自行制定了一些标准，但各企业间的标准却不尽相同，这就使水产品冷链物流的市场监管存在一定难度。

3. 第三方冷链物流发展滞后

水产品冷链物流在专业性方面要求很高（比如基础设施和资金的投入都有很高要求）。因此，在大连能够提供专业服务的第三方冷链物流企业较少，这里的水产品冷链物流配送多数是在生产方和经销方的共同配合下完成的。水产品冷链物流信息网络不健全，常出现信息滞后和断层的现象，导致各企业之间信息流通性差，后果常常是水产品不能及时运出，或者运输车辆和货物到达的时间存在差异等等，这不仅会影响水产品的品质，更增加了物流的成本。

4. 水产品冷链物流人才缺乏

水产品冷链物流的健康有序发展需要技术、设备、物流和人才等要素来保障。目前，在大连市的各个企业中均缺乏专业的冷链物流人才，这使得企业不能准确找到提高效益的方式方法。另一方面，在培养冷链物流人才的过程中，培养计划只停留在教授一般的物流知识或技能，传授专业性冷链物流知识的力度不够。人才竞争是物流企业间竞争的软实力，只有拥有了高素质的物流人才，企业的发展才会如鱼得水。

第五节 基于第四方物流的大连水产品冷链物流发展模式设计

从上述大连水产品冷链物流的发展现状以及存在的主要问题来看，只有探索一个适合大连地区的冷链物流发展模式才能促进大连的水产品冷链物流快速发展。以第四方物流理论为基础的冷链物流运作模式运用先进的物流信息技术，在政府的培育和保障下，建立第四方水产品冷链物流平台，刺激专业化的第三方冷链物流企业的发展和相关法律法规的完善，并且顺应时代发展要求，实现电子商务与冷链物流的统筹发展，利用第四方物流平台进行信息和资源的整合能够有效解决冷链断链现象。有政府参与的第四方水产品冷链物流平台的建立是在市场培育方式和物流发展模式上实现跨越式发展的一次尝试。

5.1 大连模式指导思想

坚持以邓小平理论和“三个代表”重要思想为指导，以科学发展观为统领，建设蓝色和谐大连，服务于现代国际城市建设。

发挥大连水产业发展优势，坚持发展模式创新，建立长效机制，实现可持续发展。

形成大连模式，起到试点示范城市作用，为我国水产品冷链物流事业发展作贡献。

5.2　大连模式基本原则

1. 坚持与国家和地区整体发展规划相一致原则

本模式的规划与实施应用要与国家的区域发展规划、物流产业发展规划相一致；与东北地区、辽宁沿海经济带、辽宁省相关规划相协调，与大连市国民经济和社会发展规划，特别是大连湾及周边地区城市功能定位、产业布局规划相协调。

2. 坚持区域一体化和国际化发展相协调原则

遵循市场经济规律，突破行政区划界限和行业分割，扩大物流辐射半径，加大服务深度，加强市内外、国内外的物流资源整合，构造区域一体化和国际化的物流发展格局。

3. 坚持市场主导原则

坚持面向市场，以市场和客户需求为导向，把市场可得性放在第一位，把现实需求和长远发展有机结合起来，把为地区经济发展、为人民群众生活服务与提高物流中心竞争力和经济效益结合起来，实现经济效益与社会效益的有机统一。

4. 坚持发展绿色物流，促进物流业可持续发展

注重合理使用土地，为物流业后续发展保留拓展空间。加强生态保护，创造生态化、人性化的物流环境。创新物流业务流程，减少物流环节，降低能源消耗，发展低碳物流。

5.3 基于第四方物流的大连模式基本构想

大连模式的基本构想如下：

大连模式=一个基本点+两个手段+三个机制+四个支撑

一个基本点是指第四方物流平台；两个手段是指政府职能、企业职能；三个机制是指组织机制、信用机制、服务机制；四个支撑是指地方性法规、行业协会监督、信息化系统、城市地理优势。

5.3.1 一个基本点

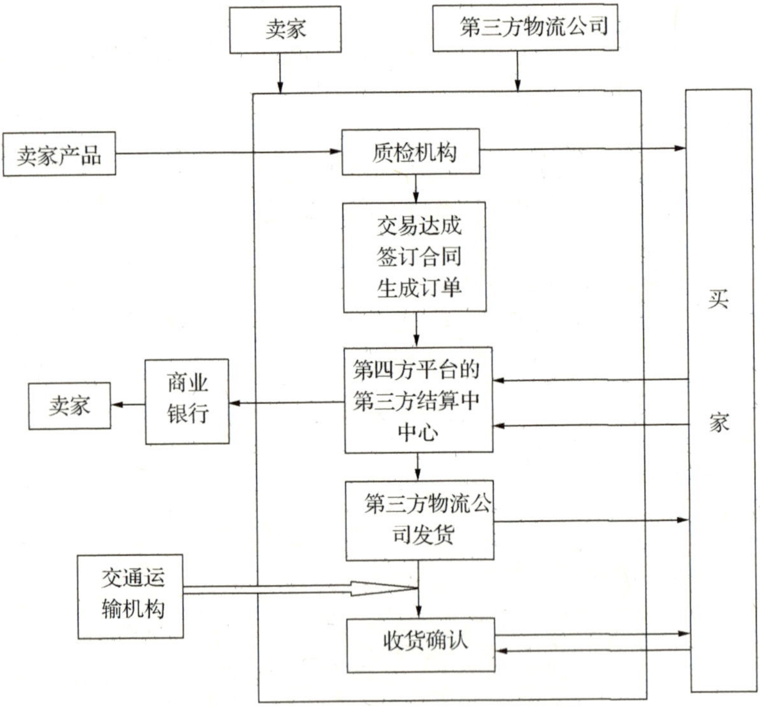

图 5-10 大连模式第四方物流平台运作图

图5-10中的逻辑关系解释：

产品卖家和各个第三方物流公司企业按照平台的要求注册平台账号，经过严格的资格审核成为平台的会员。

卖家产品经过质检机构的审核，确定符合交易标准才可放在平台上交易。

在卖家和买家达成交易，签订合同后，系统生成订单。

买家将购货资金汇入物流平台的第三方结算中心，货物未按合同要求送达前，资金暂时由平台结算中心保管。

平台结算中心确认资金后，由平台上的冷链物流企业按照合同要求运送货物。

物流过程中，买家可以通过订单号查询货物的所在地、货物通关、报关查验、车源货源等一系列物流相关信息，也可以发布物流供需信息。

运输过程中交通运输机构会支持车辆的运行，例如高速直通车、高速免费等。

买家确认收货。

收货确认信息会传达至平台结算中心。

结算中心会将资金汇入卖家的账号。

5.3.2　两个手段

为了保障这一构想的实现，必须充分发挥政府职能和企业职能。在此提出以下具体建议(以浙江省第四方物流企业的构建与运营模式为例)：

1. 政府应进一步做好以下方面的工作

大力推进现代物流理念和方法的普及。一方面培育物流市场的需求，另一方面可有效促进物流企业经营管理水平的提高。政府可通过物流协会举办多期免费培训班，还可通过报纸、电视等大众媒体系统宣传现代物流理念、方法以及大连市现代物流发展规划的内容，引起全社会对此问题的重视和自觉学习。

进一步创造制度化、规范化的市场发展环境。要建立物流市场准入条件和物流行业技术标准；要建立行业信用制度，规范行业竞争行为；要打破条块分割和地方保护主义，构建资源要素合理流动的市场运行机制。

加快制定扶持物流企业发展，促进其提高技术、管理及信息化水平的配套政策。如：建立申报重点物流企业的评价指标体系，对达到条件的物流企业省市政府每年安排一定资金予以支持；对在现代物流设施、技术方面主动投入资金的物流企业，政府可依据情况予以适当的配套资金；鼓励物流企业提高其信息化水平，物流企业可将其信息化项目申请立项，省市政府对通过立项审批的企业将给予一定资金的支持，并把企业信息化程度作为决定是否重点对其进行扶持的关键要素之一。

尽快建立物流标准化推进制度。大力宣传和推广国家标准，积极开展物流设施标准化、装备标准化、集装箱标准化、标准化术语等的普及工作，推动物流企业高起点、高标准的建设和发展，提高物流业标准化作业水平和与国际接轨的能力。政府将企业物流标准化水平作为政策支持的重要选择条件。

积极培养、引进物流管理和技术人才，建立物流人才培训基地，提高物流业从业人员素质。

2. 物流企业应做好以下方面的工作

通过企业之间的联合、参股、控股等方式，建立强势战略合作联盟，健全服务体系。

加强信息化建设。努力实现物流业务的网上及时跟踪、查询、网上交易等，提高对客户以及市场的快速反应能力。

适当增加物流技术、装备方面的投入，以更好地满足客户的要求，增强自己的竞争力。

大力改善、提高企业管理水平。加强对现代物流知识的学习，积极引进和培养物流人才，增强市场开拓能力，为客户提供更多、更好的服务项目，提高客户满意率。

5.3.3　三个机制

1. 组织机制

(1) 会员规模的要求。不建议渔民、消费者注册电子商务平台进行交易，除非是规模特别大的特殊情况。首先对于卖方而言，企业的采购量比较大，比较稳定，方便整车运输，冷链物流得以规模化、标准化实施；企业客户的信誉度相对消费散户而言较高，风险相对更少。其次，对于买方而言，企业或者渔业合作社形式的产品更加标准化，信誉度相对较高；企业或者渔业合作社的产品拥有自己的品牌，质量相对更方便认证、鉴别等，保证了产品质量。

(2) 会员注册。注册成为物流平台会员的企业必须满足两个条件：第一，需要通过准入企业评审标准。这一标准由平台、政府和企业共同制定，用于评定企业的实力，例如企业的战略导向、信息技术能力、企业的运营状况、管理现状、长期发展的潜力等。第二，需要满足冷链运输能力要求。由于平台致力于冷链物流的发展，所以对于成为平台会员的物流企业的冷链运输能力必须有一定程度的要求，例如有一定数量的冷链运输车辆、有基础的信息能力等。

（3）企业等级管理制度。根据企业的实力和经营业绩，将企业分为不同的等级，对于每一等级的企业，平台和政府所给予的扶持程度不同，从而达到刺激每个企业不断提高经营业绩的目的。同时，每一等级都设定有严格的要求和标准，这些标准由平台、政府和企业共同协商制定。平台中的企业需要遵守平台所制定的各项制度，包括合同签订制度、交易流程制度、结算制度、企业管理制度等。

（4）激励与惩罚制度。① 激励制度。政府对会员企业要有一些鼓励性政策，比如财政返还，财政补贴，税收优惠等。同时，政府扶持政策、产业升级资金、评优评级的资格等一系列的鼓励措施应该综合运用，统筹利用，才能发挥出最佳的激励效果。但是，给予的政策扶持一定是与企业的经营业绩、对平台的贡献相挂钩的。② 惩罚制度。对于违规的企业，惩罚措施分为不同的等级。第一级是降低信用等级，依照制度进行处罚。第二级是银行降低企业的信用等级，减少贷款信用额度。第三级是政府不再给予政策扶持和税收优惠，甚至取消平台会员资格。信用惩戒需要由政府、平台、银行和企业共同制定，共同遵守，互相监督。

2. 信用机制

（1）会员企业信息公开透明。注册成为平台会员的企业需要服从平台的信任机制：需要将营业执照等证件公开，同时需要银行给予信用证明，这样便于增加会员企业的信用透明度，从而达到互相监督的作用。

（2）对物流平台运营商的约束。通过到辽渔集团实地调研，了解企业实力，看它是否能独立建立和运营该平台。也可考虑将该平台建立成政府主导的股份制企业，由政府和有实力的企业共同承担创建者的角色。该平台的运营者掌握着会员企业的很多信息，甚至包括一些企业的商业机密，所以对于平台运营者的管理和约束需要一个具体严格的规定，例如签订保密协议，一些机密信息只能由一定级别以上的管理者接触等。

（3）信用等级在企业等级划分中占有重要地位。供应链上的企业之间，达成交易的企业之间存在着某种契约的关系，当供需双方相互信任，及时履行承诺时，便能建立良好的合作关系，从而使得这一信任不断加强。企业要接受买家、平台以及其他各方的监督，由此得到其信用等级。信用等级在企业等级划分中占有重要地位。

3. 服务机制

大连模式中构建的网络平台，除了起到监督作用外，还表现出重要的过程管理服务功能。地方政府和交通局为了推进水产品冷链物流的发展，也积极地配合为其提供服务。

5.3.4 四个支撑

大连模式的四个支撑是指地方性法规、行业协会监督、信息化系统、城市地理优势。地方性法规起到法律支撑的作用；行业协会监督起到协调和监督的职能作用；信息化系统是指以后台数据库为基础的信息管理平台，主要包括构建第四方物流中心网站和管理信息系统，保证了各方信息的及时交流，有利于水产品冷链物流的顺利进行；城市地理优势是指大连作为国家重点发展海洋产业的城市之一，地理位置优越，这也为大连顺利实施和推广“大连模式”起到重要的支撑作用。

第六节　辽渔集团水产品冷链物流大连模式设计

6.1　辽渔集团简介

辽宁省大连海洋渔业集团公司(辽渔集团)坐落在辽东半岛南端的大连湾畔,1945年组建成立,是省属国有资产授权经营的特大型渔业联合企业。辽渔集团经过七十余年的发展,建立了水产品交易、冷藏、装卸、捕捞、冷藏运输、加工、进出口贸易、港口装卸与客滚运输、船用物资供应、船舶修造等一体化的港口经济产业链条,被誉为"中国渔业生产力发展水平的代表""中国国有企业改革的典范""现代化的中国渔城",是我国海洋渔业领域最具竞争力的企业之一。但随着市场环境和资源环境的改变辽渔集团遇到了赢利能力下降、发展空间不足等一系列问题,为突破这些不利因素造成的企业发展瓶颈,急需转变企业发展方式,形成长期、稳定的利润增长点。结合辽渔集团自身优势,将"大连模式"运用到辽渔集团接下来的发展过程中,努力建设"大连远洋国际水产品冷链物流中心",这已经成为辽渔集团实现跨越式发展的关键,也是大连市海洋经济发展的客观需要和当务之急。

6.2 辽渔集团水产品冷链物流发展现状

辽渔集团作为中国渔业企业的代表，拥有功能齐全、设施先进、管理科学的亚洲最大现代化渔港，经过半个多世纪的跨越式蓬勃发展，企业已经形成集环球海洋捕捞、水产品交易、水产品加工、冷藏运输、物资供应、船舶修造、海运代理为一体的水产品物流产业链，成为国家农业部产业化重点龙头企业。港务公司拥有客货泊位各 4 座，年吞吐量 2 300 万吨，其中外贸冻鱼基本上垄断大连港口散装冻鱼船的装卸作业，年装卸量 30 万吨，年创收入 0.2 亿元；冷冻厂拥有冷库 6 座，一次性冷藏能力 11.6 万吨，其中保税冷库 3 万吨，年冷藏吞吐量 70 万吨，年创收入 0.8 亿元；水产品交易中心拥有专业装卸泊位 23 个，年卸内贸鲜冻鱼量 15 万吨，同时还拥有与之配套的交易大厅 3 个，总面积 1.5 万平方米，年交易量 15 万吨，年创收入 0.3 亿元；另外，还配有设备齐全、年修船 200 艘次的修船码头和拥有保税油库功能、年供油量 10 万吨的油码头以及业务精、服务优的海运代理，水产品大物流产业链年创收入 1.3 亿元，可获利润 0.4 亿元。

便捷的水陆交通、先进的冷链物流设施、成熟的市场环境是建设国际性水产品冷链物流中心必不可少的基础条件。从大连市的实际情况看，除辽渔集团外的其他区域尚不具备发展国际性水产品冷链物流中心的基础条件。有的区域缺乏建港条件，无法进出大型远洋渔船和货船；有的区域虽有建港条件，但区位条件太差，无法聚集货源。最重要的是，辽渔集团通过三十多年努力培育形成的稳定的客户群、完善的水产品贸易体系和成熟的水产品贸易环境是其他区域短期不具备、长期难形成的。在辽渔集团建设“大连远洋国际水产品冷链物流中心”条件最成熟、资源最节省、见效最迅速。辽渔集团是大连建设“大连远洋国际水产品冷链物流中心”的最佳载体。

6.3　辽渔集团应用“大连模式”发展水产品冷链物流的战略目标

坚持以邓小平理论和“三个代表”重要思想为指导，深入贯彻落实科学发展观，紧紧抓住国家发展海洋经济、辽宁沿海经济带建设和大连“三个中心，一个聚集区”和“钻石海湾”建设的多重战略机遇，以转变企业发展方式为主线，以增强企业核心竞争力和可持续发展能力为出发点和落脚点，依靠辽渔集团自身强大实力和各级政府的大力支持，建成具有国际领先水平的“大连远洋国际水产品冷链物流中心”。

6.4　辽渔集团建设“大连远洋国际水产品冷链物流中心”的功能定位

“大连远洋国际水产品冷链物流中心”应具备以下 5 个主要功能：

（1）带动功能。在东北及环渤海地区水产品贸易、冷链物流发展中应发挥龙头和旗舰作用。

（2）示范功能。在水产品贸易、冷链物流业务运作模式、行业标准和企业信用、职业道德规范等方面成为广大企业的表率。

（3）集散功能。对东北亚地区水产品、水产品冷链物流及相关企业具有较强的集聚和辐射作用。

（4）整合功能。系统整合国内外各类水产品物流资源，建立国际性的水产品物流信息平台，组成行业协会和国际组织，形成有效协调机制，实现水产品物流资源的优化配置。

（5）综合服务功能。建立健全高效便捷的全程一站式服务，更多地充当第四方物流的角色，为水产品物流商提供水产品报检、报关、接货等多功能的增值服务，开证、结汇、退税等代理服务，财产或水产品抵押融资服务等各种配套服务。

“大连远洋国际水产品冷链物流中心”功能设计应重点强化和增加如下功能：

（1）集疏运及分拨配送功能。加强港口基础设施建设，提高水产品装卸以及冷藏运输现代化、专业化水平，整合陆路、海路、航空资源，将远洋运输延伸至陆路运输和航空运输，在发展大宗货物运输基础上，逐步实现大连市超市、综合市场的直达配送，对东北及环渤海地区实现地区分拨，使“大连远洋国际水产品冷链物流中心”成为东北及环渤海地区水产品分拨配送中心和东北亚水产品海陆空联营联运枢纽的水产品物流中心。

（2）保税功能。依托保税冷库和港口设施，完善保税功能和服务，简化报关、报验手续及降低运营成本，力争成为保税港区，实现全球采购和国际分拨配送，转口贸易和国际中转。

（3）信息服务功能。建立基于第四方物流的水产品贸易信息平台和区域性水产品冷链物流公共信息平台，集合各类水产品贸易及物流服务信息，与各类相关企业、行业信息系统相连接，通过各类信息加工、处理，使“大连远洋国际水产品冷链物流中心”成为东北亚水产品国际贸易信息中心和东北及环渤海地区冷链物流信息中心。

（4）物流资源协调和调度功能。按照市场机制，建立水产品冷链物流配送中心，根据物流需求客户的要求，统一组织调度区域内外的仓储、运输、配送等各种资源，达到冷链物流资源的最佳配置，逐步使“大连远洋国际水产品冷链物流中心”成为社会冷链物流资源的配置中心。

（5）检测功能。按照国际、国家、行业和企业标准，对水产品进行检测，并出具有权威性的检测报告，使其检测的手段和标准与国际惯例接轨，成为东北及环渤海地区的水产品检测中心。

（6）价格发现功能。各类水产品、水产品供需双方及各类物流商的集聚，必然使“大连远洋国际水产品冷链物流中心”成为水产品价格和物流服务价格的形成中心，要通过建立合理的价格形成机制和有效的价格调节机制，使“大连远洋国际水产品冷链物流中心”成为水产品及物流服务的价格发现中心。

（7）交易功能。依托水产品交易中心建设水产品一级拍卖市场，发展水产品二级批发和三级零售。建成我国北方货种最全、规模最大、涵盖三级水产品交易市场的国际水产品交易中心和国际水产品贸易基地。

6.5 辽渔集团发展水产品冷链物流的重点建设项目

1. 构建企业主体

整合集团内部关联度大的港口、冷库、水产品交易、船货代理、客滚、渔需物资供应及维护等水产品物流资源，引入战略投资者，注册成立辽渔集团控股的大连水产品冷链物流子公司，作为第四方物流企业主体。

2. 基础设施设备建设

在现有冷库和基础设施的基础上，结合“大连远洋国际水产品冷链物流中心”建设的实际情况，投资新建冷库和水产品交易中心。

整合社会冷链物流资源，拓展冷链物流业务，建设国际先进的冷链设施和管理体系，形成“从渔船到餐桌”的一体化冷链物流体系。

物流大厦为园区综合性办公大楼，内设口岸部门、服务单位、水产品批发商及中介代理商的办公及营业场所。物流大厦一楼分别设立海关、检验检疫、边防、海事、税务、银行、结算、报关行等窗口，实行一站式服务。

3. 搭建物流信息平台

物流公共信息平台是第四方物流的基础和灵魂。建设基于第四方物流的区域性水产品冷链物流公共信息平台，把大连市水产品冷链物流供应链上的各家单位，包括政府职能部门、海关、检验检疫局、税务、银行、物流企业、工商企业等单位连接起来，为物流企业提供“一站式”的接入服务，实现数据交换和信息共享，解决了企业信息系统与各部门沟通和协调的困难以及建设资金不足的问题。在物流平台上通过信息系统可以完成物流状态查询、物流过程跟踪、物流信息记录与分析、物流客户关系管理、物流决策支持，形成水产品冷链物流信息服务体系，对社会资源进行最优化整合，最大限度地降低社会物流总成本。

4. 人才引进

第四方物流企业属于高知识密集型企业，对于其经营者和管理者的素质有着非常高的要求，公司必须高度重视供应链与物流管理人才的培养。在这个方面，可以通过公开招聘的方式引进人才，组成一个专业的第四方物流人员团队，在这个团队中应该包括物流管理专家、专业营销、包装、加工等方面的专家和 IT 专家；还需要一批从第三方物流提供商中提升的具有第三方物流经验的人员。在这些人中，物流管理专家是一批具有管理理念创新、组织创新、物流管理、控制协调能力的高素质人才；而 IT 专家的优势则在于建立和应用物流交易平台，提供及实施物流信息技术解决方案；而具有第三方物流经验的人员则具有较强的物流运作实战经验。只有云集上述各方面的专业人才，并建立一个合理的人才搭配结构，使各类专业人才之间相互取长补短，才能为该公司第四方物流业务的发展提供充足的人才保障，使得该企业能够制定世界水平供应链策略，进行业务流程再造，技术集成和人力资源管理，并具有管理多个不同供应商的良好关系管理和组织能力。

6.6 保障措施

大连国际水产品物流中心需积极申办并接受相关主管部门支持、委托或授权，使之成为大连口岸水产品标准检测和安全管理服务统一归口机构。

提高水产品质量是保证消费者安全，事关生命和健康的大事，也是打造特色品牌龙头企业、增强参与国内外市场竞争能力的必由之路。作为专业物流中心是物流实现中心，首先是标准检测和安全管理服务中心。为此，要进一步完善标准检测和安全管理服务网络规划和建设，建立与国际接轨的互认关系网络及水产品出口退运信息预警发布制度等，各级主管部门应给予支持协调。

强化公共服务职能，需要政府在多渠道投资上给予更多支持，其中包括将市场交易中心和公共信息综合服务平台建设等纳入省市基本建设和企业信息化计划并给予适当补贴，抓紧编制出台水产品物流技术政策和产业政策，能够比照农业产业化重点龙头企业，在税收、融资、土地等方面给予优惠。以加大吸引客户进场进网交易的政策支持力度。

加快对内对外开放进程，致力培育国际化企业及其内外共同体，是“大连远洋国际水产品冷链物流中心”持续健康发展的核心战略。

第七节　加快发展大连水产品冷链物流的对策建议

通过前文的分析，针对制约大连水产品冷链物流发展的具体情况，并结合国内外的成功经验，现将对大连水产品冷链物流发展的对策建议总结如下。

7.1　加强冷链物流的整体规划

水产品冷链物流是一项综合性强、需要多方有机结合的系统工程。这里提到的“多方有机结合”主要是指在物流过程中，需要政府、行业协会以及企业三方的有效合作。为了推动大连水产品冷链物流的快速发展，需要建立政府、行业协会以及企业三方的联动机制，对大连水产品冷链物流进行整体规划。政府制定相关法律法规来制约和平衡冷链物流市场的发展；行业协会制定行规，做好监督工作；企业接受来自政府及行业协会两方的制约和监督，按照行业标准规范操作物流过程，建立质量安全保证体系，为广大消费者提供良好服务；消费者需要不断增强食品安全意识，监督食品安全各环节出现的问题，并及时向相关部门反映，维护好自身利益。

7.2 加强冷链物流软硬件设施建设和信息化水平

(1) 硬件方面。积极引进国外先进的冷链技术和设施设备。目前,发达国家已经广泛采用机冷式冷藏集装箱,并有通风、气调、液氨、保温、冷板等多种类的冷藏箱,极大地促进了冷藏运输的发展。针对当前大连冷链物流快速发展的趋势,大连的冷链运输应积极发展机械冷板冷藏车和冷藏集装箱。

(2) 软件方面。冷链物流的信息系统主要包括库存控制系统、顾客服务系统、仓储管理系统和运输管理系统四个子系统。冷链物流的信息系统能够实现物流过程的信息一体化,最大程度的降低物流成本。具体通过采用 POS 技术、EDI 技术、GIS 技术、GPS 技术等对冷链物流进行全过程的监督控制。美国、日本的计算机联网管理系统和欧洲的电子数据交换系统,都在冷藏运输的过程中发挥了很好的作用。大连应积极建立有统一标准数据的计算机管理信息系统和电子交换系统,在水产品的储藏阶段,可以将产品与其储架的货位保存到信息系统中的产品的数量及储放位置的项目中,方便及时地提货和补货,同时,通过信息系统可以及时了解到产品的保质期、库龄等信息,从而提高冷链物流的作业效率与管理水平。在水产品的冷链运输过程中,信息系统可以对各种冷藏车的运输进行全面的动态监控。

此外,地方性的冷链物流信息网络建设也应该受到重视。专业化的信息交流平台能够实现资源共享、信息互通。保证冷链物流运作的良好运行。

7.3　鼓励并扶持第三方物流企业的发展

第三方冷链物流企业的出现解决了水产品生产、加工企业面临的投资大、运作成本高、专业管理难等问题，并且促进了冷链物流上下游的整合，有利于优化整个水产品冷链物流系统。大连作为我国北方重要的港口城市，水产品冷链物流的发展潜力巨大。但是大连地区第三方冷链物流尚不发达，政府可以适时推出一些优惠政策，引导和鼓励第三方物流企业的发展。如在保证必要的资信审核的前提下，降低冷链物流企业准入的门槛。同时，政府可以出台一些优惠补贴政策，鼓励第三方冷链物流公司购买先进的设施设备，从而提供优质的物流服务。

7.4　加强冷链物流人才建设

目前，我国的冷链物流处于快速发展阶段，大连地区的冷链物流需求也日益增大。从业人员素质较低已经成为冷链物流产业发展壮大的重要的制约因素。专业人才培养问题可以从两方面入手。

1. 重视第三方冷链物流公司物流已从业人员的在职培养

第三方冷链物流公司可以提供一定的便利条件，鼓励在职员工进行深造。同时，政府和行业协会可以给予一定帮助，政府面向全社会物流已从业人员提供冷链物流人才培养专项基金，行业协会运用这笔资金统一组织冷链物流人才进行培训。

2. 加大对各大高校冷链物流专业人才的培养

各大高校可以通过对专业细化，在物流专业下设置冷链物流的方向，对学生进行针对性教育。为了达到让学生实践出真知的效果，高校可以与第三方物流公司合作，给学生提供实习机会，把冷链物流的专业知识与实践能力更好地结合起来，让学生将来能够被市场接受和认可。

参 考 文 献

[1] 彼得·尼茨坎普. 区域和城市经济学手册[M]. 北京:经济科学出版社,2001.

[2] 蔡悦荫,苗丰民,贾凯. 大连市沿海产业布局研究[J]. 海洋开发与管理,2010,27(1).

[3] 曹林奎. 都市农业概论[M]. 北京:中国农业出版社,2001.

[4] 常理,李天斌. 船舶工业乘风破浪谋发展[N]. 经济日报,2010-11-16.

[5] 车裕斌. 中国农地流转机制研究[D]. 武汉:华中农业大学,2004.

[6] 陈和午,聂斌. 农户土地租赁行为分析——基于福建省和黑龙江省农户调查[J]. 中国农村经济,2006(2).

[7] 陈可文. 中国海洋经济学[M]. 北京:海洋出版社,2003.

[8] 迟福林,等. 加快推进基本公共服务均等化[J]. 新世纪周刊,2007(28).

[9] 大连市政府. 大连市人民政府关于印发大连市促进海洋渔业持续健康发展实施方案的通知[EB/OL].

[10] 党辉,来燕,严军花. 美国农产品冷链物流模式及成功发展经验[J]. 世界农业,2014(4).

[11] 丁圣彦,尚富德. 都市农业研究进展[J]. 生态经济,2003(10).

[12] 杜俊霞,薛龙. 浅谈新公共服务理论[J]. 中国集体经济,2011(7).

[13] 方志权.论都市农业的基本特征、产生背景与功能[J].农业现代化研究,1999(5).
[14] 方志权.中外都市农业比较之研究[J].世界经济研究,2000(1).
[15] 傅晨,刘梦琴.农地承包经营权流转不足的经济分析[J].调研世界,2007(1).
[16] 高峰,赵密霞.美国、日本、法国农业社会化服务体系的比较[J].世界农业,2014(4).
[17] 高密市人民政府关于加快推进农业服务规模化工作的意见[R],2015.
[18] 马卿,崔和瑞.国外农业科技成果推广模式的比较及借鉴.农业科技管理,2008,27(2).
[19] 韩明轩.大连市政务公开的服务型政府建设研究[J].学理论,2013(23).
[20] 胡家浩.美、德农业社会化服务提供的启示[J].开发导报,2008(5).
[21] 胡亦琴.新土地革命:浙江农村土地流转方式调查[J].经济理论与经济管理,2002(2).
[22] 胡亦琴.农地市场信息缺失的成因及对策[J].农业经济问题,2004,24(6).
[23] 黄卫东,李可心.中国都市农业——探索与发展[M].北京:中国科学技术出版社,2002.
[24] 姜异康,袁曙宏,韩康,等.国外公共服务体系建设与我国建设服务型政府[J].中国行政管理,2011(2).
[25] 康晓洁,盖新芳,冷细专,等.智能终端在"三农"综合信息服务平台中的应用[J].农业网络信息,2013(12).

[26] 科文. 国外先进农业科技推广服务体系介绍[J]. 国外农业, 2008(9).

[27] 李秉乾. 都市农业理论问题调查研究[J]. 农业经济, 2000(10).

[28] 李丹. 乡村金融服务站:"三农"与金融的对接平台[J]. 南方金融, 2011(12).

[29] 李然, 曾学龙. 国外都市农业发展的经验借鉴及我国的政策建议[J]. 科技与经济, 2007, 20(1).

[30] 李万才. 贯彻海洋强国战略, 推进海洋强市建设. 大连日报, 2013-06-08.

[31] 李伟花. 国内外农业服务社会化模式的比较研究[D]. 洛阳: 河南科技大学, 2011.

[32] 李新安. 城市化、土地"农转非"与失地农民的保障问题[J]. 宁夏社会科学, 2005(9).

[33] 李燕. 天津沿海都市型农业发展对策研究[J]. 农业经济, 2003(4).

[34] 李燕琼, 范高林. 四川农村土地使用权流转的现状、问题与对策[J]. 农业经济问题, 2002(2).

[35] 李宜良, 王震. 海洋产业结构优化升级政策研究[J]. 海洋开发与管理, 2009, 26(6).

[36] 凌耀初. 上海都市农业发展研究[J]. 上海经济研究, 2000(3).

[37] 刘长运. 国外都市农业发展经验对我国的启示[J]. 世界地理研究, 2006, 15(2).

[38] 胡锦涛. 中国共产党第十八次全国代表大会上的报告[EB/OL].

[39] 刘隽. 完善村级便民综合服务中心功能 推进城乡发展与江苏南京市溧水区供销合作社深化[J]. 中国合作经济, 2016(4).

[40] 刘文展. 大连市都市型现代海洋渔业支撑体系建设研究[J]. 辽宁经济,2012(5).

[41] 刘彦随,刘玉. 中国农村空心化问题研究的进展与展望[J]. 地理研究,2010,29(1).

[42] 刘艳. 农民权益的"守护神"——浅析我国农村土地承包经营权流转制度[J]. 中国合作经济,2007(11).

[43] 刘燕群,李玉萍,梁伟红,等. 广东省农业社会化服务体系研究[J]. 热带农业科学,2015(11).

[44] 刘一明. 国内外都市农业科技发展的现状与趋势[J]. 农业技术经济,2001(1).

[45] 马克思, 恩格斯. 马克思恩格斯全集(第 1 卷)[M]. 北京: 人民出版社, 1972.

[46] 马克思. 资本论(第 1 版)[M]. 北京:人民出版社,2004.

[47] 马庆钰. 关于公共服务的解读[J]. 中国行政管理,2005(2).

[48] 孟春,陈昌盛,王婉飞. 在结构性改革中优化公共服务[J]. 国家行政学院学报,2004(4).

[49] 牛成春. 兰州新区公共服务体系构建研究[D]. 兰州西北师范大学,2012.

[50] 乔翔. 大连海洋经济发展中的若干问题及对策思考. 辽宁经济,2011(7).

[51] 秦中春. 注重推进两个创新 提升供销合作社为农服务功能[J]. 特别关注,2011(11).

[52] 邱国栋. 中外合作社比较与借鉴[J]. 东北财经大学学报,2007(24).

[53] 阮怀军,郑宏伟. 美国的农业信息服务体系[J]. 山东农业科学,2001(2).

[54] 申龙均.韩国农业社会化服务组织农业协同组合[J].东北亚论坛,2005(1).

[55] 史清华.农户经济可持续发展研究——浙江十村千户变迁(1986—2002)[M].北京:中国农业出版社,2005.

[56] 宋欣茹.大连海洋产业发展分析及结构优化升级对策研究.海洋开发与管理,2011,28(11).

[57] 孙才志,王会.辽宁省海洋产业结构分析及优化升级对策[J].地域研究与开发,2007,26(4).

[58] 孙明.美国农业社会化服务体系的经验借鉴[J].经济问题探索,2012(12).

[59] 孙佑海.土地流转制度研究[M].北京:中国大地出版社,2001.

[60] 唐兴霖,刘国臻,唐琪.国外三种主流农协模式之比较.行政论坛,2010(4).

[61] 陶红军.都市农业发展浅析——武汉市的实践[J].农村经济,2003(2).

[62] 王海全,龚晓.土地非农化控制低效原因探析[J].农业经济,2005(12).

[63] 吴祈宗.系统工程[M].北京:北京理工大学出版社,20053.

[64] 向南.韩国农业信息化服务体系建设经验及启示[J].天津农业科技,2012(5).

[65] 信军.国外都市农业的实践及其启示[J].世界农业,2005(12).

[66] 熊鹰.成都推进现代农业服务体系建设的研究[J].农村经济,2011(9).

[67] 徐瑜青,张云静.日本农协及其对我国西部地区农村合作经济

的启示[J]. 农村经济,2004(4).

[68] 严正. 台湾的农业合作社和产销班[J]. 台湾研究集刊,2000(3).

[69] 杨继瑞,任啸. 农地"隐性市场化":问题、成因与对策[J]. 中国农村经济,2002(9).

[70] 杨爽,余国新,闫艳燕. 发达国家农业社会化服务模式的经验借鉴[J]. 世界农业,2014(6).

[71] 杨有权,周清海,杨春赋. 国外农业生产的咨询服务[J]. 世界农业,2000(4).

[72] 叶剑平,蒋妍,丰雷. 中国农村土地流转市场的调查研究——基于 2005 年 17 省调查的分析和建议[J]. 中国农村观察,2006(4).

[73] 郁建明. 杭州市余杭区农机服务组织发展调查分析[J]. 建设论坛,2010(14).

[74] 喻国华. 都市农业发展机制探讨[J]. 农业经济,2006(5).

[75] 曾超群. 农村土地流转问题研究[D]. 长沙:湖南农业大学,2010.

[76] 詹和平. 农村土地流转问题实证研究综述[J]. 安徽农业科学,2007(24).

[77] 张爱云. 关于推进农村土地使用权流转的思考[J]. 学习论坛,2003(7).

[78] 张甫雄. 加强农业社会化服务体系建设的途径[J]. 江苏农业经济,2012(3).

[79] 张红宇. 中国农村土地调整与使用权流转:几点评论[J]. 管理世界,2002(5).

[80] 张蕾. 日本农协及其对我国农民专业合作组织的启示[J]. 安

徽农学通报,2007(3).

[81] 张守丽.中国台湾农业社会化服务体系分析[J].世界农业,2015(5).

[82] 张业相,郭志强,刘艳君.农地流转初具规模 规范管理亟待加强——对常德市农村集体土地流转情况的调查与思考[J].湖南农业大学学报(社会科学版),2002(3).

[83] 张桢,刘荣愫.公共服务领域中的竞争与合作[J].华东经济管理,2005(10).

[84] 郑丹.国外农业合作社在农业科技推广中的作用及启示[J].农业科技管理,2009(2).

[85] 郑晓燕.中国公共服务供给主体多元发展研究[D].上海:华东师范大学,2010.

[86] 中华人民共和国中央人民政府门户网站.国家基本公共服务体系"十二五"规划[EB/OL].

[87] 钟涨宝,陈小伍,王绪朗.有限理性与农地流转过程中的农户行为选择[J].华中科技大学学报(社会科学版),2007(6).

[88] 钟涨宝,汪萍.农地流转过程中的农户行为分析——湖北、浙江等地的农户问卷调查[J].中国农村观察,2003(6).

[89] 周望.天津市滨海新区公共服务体系建设的策略性思考[J].未来与发展,2010(4).

[90] 朱斌,焦柱.我国农村土地流转现状实证分析[J].经济研究导刊,2008(18).

[91] 朱光磊.城市公共服务体系建设纲要——给市长们的建议[M].北京:中国经济出版社,2010.

[92] 朱院利,李双奎.主要国家农业社会化服务体系述评[J].福建论坛,2009(12).

[93] 邹晓东. 从公共服务的政府垄断到多元化供给——面向新公共管理的政府管制研究[D]. 上海：复旦大学，2007.

[94] Baldwin D W A. Most Difficult Passage: the Economics Transition in Central and Easten Europe and the Former Soviet Union [J]. Emegro T, 2000, (3): 2 - 23.

[95] Banerjee Abhijit V, Gertler Paul J, Ghatak Maitreesh. Empowerment and Efficiency: Tenancy Reform in West Bengal [J]. Journal of Political Economy, 2002, 110(2), 239 - 280.

[96] Bogaerts T, Willlamson I P, Fendral E M. The Roles of Land Administration in the Accession of Central European Countries to the European Union[J]. Land Use Policy, 2002, 19 (1): 29 - 46.

[97] Claudio J. The New Development Economics[J]. World Development, 2006, 14(2).

[98] Dubois Pierre. Moral Hazard, Land Fertility and Sharecropping in a Rural Area of the Philippines [J]. Journal of Development Economics, 2002, 68 (1), 35 - 64.

[99] En jiang Cheng. Christopher Findlay Land Fragmentation and Farm Productivity in China. Agricultural Economies, 1998, 19(1): 63 - 71.

[100] James K K. Off-fam Labor Markets and the Emergence of Land Rental Markets in Rural China. Journal of Comparative Economics, 2002,30(2): 395 - 414.

[101] Laffont Jean-Jacques,Matoussi Mohamed-Salah. Moral Hazard, Financial Constraints and Sharecropping in El Oulja [J]. Review of Economic Studies, 1995, 62(3), 381 - 399.

后　记

笔者硕士师从著名农业经济专家刘书琪教授，博士师从著名农业系统工程专家杨广林教授，长期从事农业经济问题的研究，研究起因可以追溯到2002年。2002年起，笔者开始三农热点问题研究，主要研究范畴有农业产业化、都市型现代农业、农村土地流转、农业公共服务平台建设、农村金融和农民民生等问题的研究。

在编写过程中，研究团队对我国三农问题有了较系统的了解与认知，走进了我国三农热点问题的前沿领域。在随后的几年中，团队承担了若干大连乃至全国三农热点问题相关的全部或部分实际工作。通过对大连农业经济热点问题理论与实践探讨，我们加深了对全国三农热点问题研究的理解，走进了农业经济研究的学科前沿。

2014年初，笔者决定对已取得的相关研究成果进行系统化梳理，同时结合几年来的大连三农课题研究和实践经验对三农热点问题进行进一步研究。研究过程中，就相关内容反复推敲，查证了大量资料，最终形成了《三农热点问题研究——大连做法及经验》一书。

在本书写作过程中，得到了大连海洋大学经济管理学院勾维民教授、刘广东教授、贺义雄副教授、赵万里副教授，大连市人民政府发展研究中心张芳主任、杨大海副主任、鲁岩副主任、祁永梅处长，大连市供销合作社赵公发主任、王振敏副主任、张长波处长、李国亮副处长，辽宁省社科联和大连市社科联（社科院）相关工作人员的大力支持，在此表示诚挚的感谢！同时，对于大连海洋大学曾雅、孙培立、南海龙等相关同仁和刘健、闫陶、田超辉等同学在本书写作过程中给予的无私帮助，一并致谢。

感谢东南大学出版社编辑孙松茜女士为本书出版付出的辛勤劳动，感谢其他审校工作人员的工作！

作者

2016 年 11 月